THE
EVOLUTION
OF
EDUCATION

教育的演变
面向未来的教育

[美] 威拉德·R.达吉特 著

甘翠平 译

Preparing Students for
Their Future, Not Our Past

WILLARD R. DAGGETT

在本书中，作者向所有关心孩子未来的人发出呼吁，要重新思考如何才能实现教育公平和教育卓越。作者为培养学生成长、成才，为了学生能够在就业市场和迈向未来的道路上取得成功，就学生的可持续发展提供了技能框架。作者向教育领导者展示了学校应该如何接纳新的学习视野和学习愿景，才能让学生更好地为迎接未来的挑战和机遇做好准备。

在本书中，您可以获得支持学校开展可持续发展变革所需要的工具，可以获得实现学校转型所需的知识。作者认为，我们在关注提高学生学业成绩的过程中，忽略了最为重要的责任：把学生作为完整的人来关心，并培养身心健全和全面发展的学生。此外，我们必须着眼于未来，要采用新技术。

Copyright English version© 2021 by International Center for Leadership in Education, a division of Houghton Mifflin Harcourt Publishing Company. Translation © 2022 by China Machine Press. All rights reserved.

北京市版权局著作权合同登记　图字：01-2022-1903号。

图书在版编目（CIP）数据

教育的演变：面向未来的教育/（美）威拉德·R. 达吉特（Willard R. Daggett）著；甘翠平译. —北京：机械工业出版社，2022.6

书名原文：The Evolution of Education: Preparing Students for Their Future, Not Our Past

ISBN 978-7-111-70853-7

Ⅰ.①教… Ⅱ.①威… ②甘… Ⅲ.①教育研究 Ⅳ.①G40-03

中国版本图书馆CIP数据核字（2022）第098376号

机械工业出版社（北京市百万庄大街22号　邮政编码100037）
策划编辑：坚喜斌　　　责任编辑：坚喜斌　陈　洁
责任校对：贾立萍　　　责任印制：李　昂
北京联兴盛业印刷股份有限公司印刷

2022年10月第1版第1次印刷
145mm×210mm·9印张·3插页·170千字
标准书号：ISBN 978-7-111-70853-7
定价：69.00元

电话服务	网络服务
客服电话：010-88361066	机　工　官　网：www.cmpbook.com
010-88379833	机　工　官　博：weibo.com/cmp1952
010-68326294	金　　书　　网：www.golden-book.com
封底无防伪标均为盗版	机工教育服务网：www.cmpedu.com

教育专家对本书的赞誉

"《教育的演变：面向未来的教育》一书引发我们教育工作者深入思考，它代表所有学生，要求我们采取行动，因为学生的未来取决于我们今天的行动。书中引用的一系列数据，既展现了美国当前教育体制中黯淡的景象，也凸显了当前的教育没有为学生们的将来做好准备这一严峻的问题。威拉德·R.达吉特对此颇感辛酸，但更重要的是，他深刻地总结了'未来应该汲取的经验和教训'，从而为我们的教育体制带来希望和光明。我们为孩子提供什么，就是在告诉他们，我们所珍视的是什么。作者在本书字里行间所表露的远见卓识，值得我们采纳。我们迫切需要改造现有的教育体制，也需要向孩子们证明，我们视其未来如珍宝。"

——黛布·黛丽丝（Deb Delisle），卓越教育联盟（Alliance for Excellent Education）首席执行官兼总裁，曾担任美国联邦教育部部长助理，主管中小学教育

"本书为我们提供了重新定义和重新规划我们的教育体制的契机。新的教育体制应该将学生放在首位，采取关心学生身心健康和全面发展的全人教育（whole child）模式。体制演变

就意味着教育可以变得更好，因此我们必须做得更好。《教育的演变：面向未来的教育》一书着眼于未来，提出可持续发展框架，就如何培养学生的适应能力、创造力和创新力做出响应，这些能力都是我们的学生茁壮成长并在其职业生涯中取得成功必须具备的。让学生体验这种卓越的学业之旅，比以往任何时候都更重要！"

——黛布·克尔（Deb Kerr），曾担任美国学校管理者联合会（AASA）会长，目前担任位于威斯康星州棕鹿城的棕鹿城学区教育学监

"《教育的演变：面向未来的教育》以令人信服的方式揭示了一个赤裸裸的真相，那就是，美国教育领域亟需做出范式转变。达吉特博士在本书中所提出的教育改革理念，将会大大提升学校的教学水平，并改善所有学生所处的教育生态系统。以本书作为指南，我们的教育实践和思维模式都会发生转变，并对21世纪全新的经济需求做出响应。"

——迈克尔·T. 康纳（Michael T. Conner），教育学博士、美国康涅狄格州米德尔敦市米德尔敦公立学校校长

"学校通过回顾学生在上一学年所取得的考试成绩来确定如何提高学生学业的模式，已经被宣告为无效！在《教育的演变：面向未来的教育》这本书中，达吉特博士清晰地展示了我们必须克服的诸多挑战，基于此，我们才能创建我们的孩

子及我们的国家所需要的放眼未来的学校。而且，达吉特博士根据'人际关系、相关性和严谨性'框架，为我们实现这一目标指明了具体路径。"

——雷蒙德·J.麦克纳尔蒂（Raymond J. McNulty），美国预防辍学中心（National Dropout Prevention Center, NDPC）主席、非营利性组织——成功实践网（Successful Practices Network）总裁、国际教育领导力中心高级研究员、佛蒙特州前教育专员

"教育活动必须将学习者置身于充满未知和缺乏舒适性的环境中，这样他们才能成长，才能充满创造力，才能规划和创造属于他们自己的未来。威拉德·R.达吉特博士对美国学校的学习环境再次提出疑问，他认为，学校教育应该着眼于未来，而不是聚焦我们的过去。"

——塞缪尔·休斯顿（Samuel Houston），北卡罗来纳州科学、数学和技术教育中心（Science, Mathematics, and Technology Education Center）总裁兼首席执行官

"威拉德·R.达吉特博士作为教育领域的领导者和思想者，一直倡导我们勇于提出疑问和挑战难题，教导我们如何战略性地思考美国现有的公立学校中小学阶段基础教育（K-12），包括其教育体制、组织架构和教学方法等。毫无疑问，《教育的演变：面向未来的教育》一书不仅提出挑战性问题，而且还号召我们主动分析教育领导者及其他教育工作者应该如

何努力,才能确保在教育活动中充分考虑学生、教职员工及学生家庭的社交、情绪及精神健康。我向诸位力荐这本《教育的演变:面向未来的教育》,它包含丰富的内容,特别向那些力求将教育组织和系统定位为面向未来的人们推荐本书。"

——安德鲁·G.霍利汉(Andrew G. Houlihan),教育学博士、美国北卡罗来纳州门罗市联合县公立学校(Union County Public Schools,UCPS)教育学监

"《教育的演变:面向未来的教育》向我们发出强有力的号召,也为我们采取行动提供了具体指南,指引我们从根本上重新思考应该如何教育我们的孩子。如果您作为教育领导者,正在寻找一种行之有效的有助于实现教学和学习转型的方法,请允许我向您推荐这本书,因为这本书为教育工作者提供了倡导和支持学校进行可持续改革所需的工具和知识。"

——迈克尔·穆尼奥兹(Michael Muñoz),美国明尼苏达州罗切斯特市罗切斯特公立学校负责人

序　言

威拉德·R.达吉特宣布从国际教育领导力中心退休后的几天，他和我交换了各自拍摄到的清晨旭日东升的照片：他的照片拍摄于他位于马萨诸塞州南部科德角的家，我的则拍摄于位于康涅狄格州的自家有机农场。"每道曙光都预示着崭新的明天。"这是我们给彼此的赠言。

威拉德·R.达吉特的整个职业生涯都在展望教育领域崭新的明天是何种模样。霍顿·米夫林·哈考特出版集团首席执行官杰克·林奇（Jack Lynch）眼中的威拉德·R.达吉特，是一位具有非凡天赋的未来学家，他具备高屋建瓴的视野和格局，他还在机器人技术、纳米技术和人工智能领域拥有令人惊叹的专业知识，这样的威拉德·R.达吉特，从高处俯瞰着地平线，向人们描述他的视野里所看到的世界。他在《教育的演变：面向未来的教育》这本书中和我们分享了他的天赋和学识，通过一页又一页的文字，向我们传递他的见解，阐述着技术、经济和社会发生了怎样的变化，以及它们还会继续发生哪些变化。他还带着我们一起探索这些变化会对我们的学校和学生产生怎样的影响，而我们的学校和学生必须在崭新的明天蓬勃发展。

威拉德·R.达吉特的另一项天赋是，他会尊重我们眼下所处的位置，会尊重与他并肩站在一起的人们。与威拉德·R.达吉特共度时光，从他如何对待周围的事物，尤其是他如何对待周围的人们，都能感觉到他是个直率和快乐的人，从职业角度讲，这意味着他对教育工作者及他们每天所做的工作表现出深深的敬意。威拉德·R.达吉特描绘和展望教育的未来，但是他从不认为是我们不够好，甚至也不会说我们没有在做该做的事情。他描绘未来的模样，目的是释放广大教育工作者所拥有的巨大能量，是为了激励和帮助我们所有人做出我们需要的和想要的改变。

我有幸在纽约市和康涅狄格州的纽黑文两大学区推动了一场深入的系统性变革。当我反思这些努力过程，反思我在这些改革之旅中所经历的所有成功与失败，就更能明显地感觉到威拉德·R.达吉特推动学校转型的方法中所蕴藏的智慧。他清晰地勾勒出的愿景画卷，既能鼓舞人心，又能指明方向。之所以鼓舞人心，是因为这一愿景描述了广大的教育工作者和千千万万家庭向往着迈入的未来；之所以能够指明方向，是因为这样的愿景为教育工作者提供了一个共同关注的焦点、明确的目的，如此一来，他们每天可能做出一千个决定、可能以各种方式互动，但最终都是朝着同一个目标前行。一方面，我们坦诚地面对当前教育系统中存在的问题，另一方面，我们并不推卸责任或彼此横加指责，这样才能促成我们教育工作者之间的通力合作。我们都在努力克服今天的问题，做出必要的改变，然后一起迈向明天。我们选定一些攻坚克难的"利刃尖兵"（tip of the spear），它们可能是几所小型学校，某种教师职业精神，也可能是一些数据团队，这都意味着采取一些直截了当的具有可操作性的措施，着手为学生推动教育转型，并给予学生支持且向他们传递力量。根据我的经验，教育系统要得到改进，只有唯一的一种方法，那就是将以下三点相融合：一是要有愿景规划；二是采取无过错方式解决问题；三是集体众志成城取得具体切实的进展。我们既要有变革性目标，也必须要有实现这些目标的演化路径。

在我们现在所处的历史时刻，这样有远见的志向和抱负，而且能够团结众多教育工作者的力量，推动切实可行的变革，显得尤为重要。因为新冠肺炎疫情，学校突然关闭、停课，美国学龄儿童开启远程学习模式，随之暴露了我们传统教学方法存在的深度缺陷，也暴露出我们无形之中默认了社会不平等和技术不平等问题，这些都对教育和学习产生了负面影响。"黑人的命也是命"（Black Lives Matter）抗议活动升级，再加上其他社会运动，凸显的问题是，在美国，许多公民和学生感觉与社会严重脱节，他们的感受不被看见。这些现实问题对我们当前的教育体制提出挑战，也使美国传统的教学和学习方式面临压力。

人们在这样的历史时刻做出的一种反应可能是聚焦眼前，例如，立即启动安全和安保计划、订购材料和物品及开设社会正义课程等。另一种反应则可能是完全放弃现有的体制，让学生生活在更加封闭、与外界隔绝的社区，教学与生活更加缺乏相关性（less relevant）、更少采取关系互动型（relationship-based）的教学方式。威拉德·R.达吉特的天赋和抱负，以及国际教育领导力中心的角色定位，就是告诉我们既要尊重当前的情况，与此同时，也要尊重我们想要打造的未来。对于教育工作者而言，这意味着既要应对全球新冠肺炎疫情大流行期间产生的独特需求，又要采取行动，面向未来，以便我们朝着这个既定的方向前进；要规划更多的广受学生欢迎的项目型课程（即"四驱课程"，Quad D），课程可以采取面授形式，也可以开展线上教学形式；创建和共享视频，让学生在课堂上有归属感和存在感；还可以实施更多的能够体现并适用于我们共同打造的未来所要求的严谨性（rigor）、相关性（relevance）及人际关系（relationship）建立的创意和点子。

在我为本书作序的时候，恰逢威拉德·R.达吉特准备迈入他人生的新阶段，他计划着减少在国际教育领导力中心工作的时间，打算腾出更多的时间陪伴家人，并且投身于新的项目。他给我们所有奋战在教育界和国际教育领导力中心的同仁留下了无可比拟的精神财富。请你们一定要知道，我们国际教育领导力中心的员工将继续威拉德·R.达吉特一直努力深耕的教育事业：关注未来，并用那样的未来愿景激发今天的教育演变。

如果我们所有从事教育工作的人都能着眼于未来，而且能够日复一日地采取切实行动，我们就一定能为所有的学生提供他们理应接受的教育，就能为他们创造机会，就能为他们打造一个崭新的未来。最终，这将是对威拉德·R.达吉特馈赠给我们巨额思想财富的最佳回报。

加思·哈里斯（Garth Harries）
国际教育领导力中心管理合伙人

前　言

我们正在集体经历一个令人倍感痛苦的时期。当我们正准备奋力渡过这个难关的时刻，来自美国各地的人们问我，我们什么时候才能恢复正常？我的回答很坦率：永远没有办法。我们永远无法回到2019年的常态。相反，我们将迎来一个新常态。深刻影响这个新常态的将是，我们从以下两起事件中汲取了什么经验和教训，其中一起事件是2019年暴发的新冠肺炎疫情（COVID-19），另一起事件是非裔美国人屈死在美国的刑事司法系统之中。

首先，让我们简单回顾一下2019年暴发新冠肺炎疫情危机之前的情形。当我们回首过去，就会发现，在过去多年时间里，我们注重标准考试和州立考试（state testing），这已经改变了美式教育。我的态度很明确：我并不反对标准考试或州立考试。但是，我们培养学生掌握学业技能的职责，已经开始压倒性地取代其他一切职责。幼儿园老师经常扼腕叹息，在过去，可以根据特定教学目标，花不少时间，给儿童安排一些游戏活动（structured play），这些目的明确的教学活动，可以让学生学会停下来思考、学会保持专注、学会对他人抱有同情心，老师们在这样的游戏活动中，向孩子们传授社交和情绪学习（SEL）技能。而且，这些都是学生在幼儿园到高中整个基础教育阶段，甚至在其以后的人生阶段中需要具备的技能。但是，由于我们过度重视要让学生为下一次考试或升入高一年级做好准备，我们开始越来越早地将知识学习推进到孩子的教育日程表之中。当这种情况发生时，教育就不得不付出一些代价，因为每天的上课时间或学年并没有延长，老师们只好开始放弃向学生传授这些更广泛的社交和情绪学习技能，从而让学生将更多的时间和精力投入到提升学业成绩方面。

接下来，让我们重新审视一下 2020 年 5 月 25 日乔治·弗洛伊德（George Floyd）惨死事件。发生这一悲惨事件之后，我们所有人都清楚地看到，美国整个国家所面临的结构性不平等问题。我们中其实有许多人已经意识到这些不平等——几个世纪以来，土著居民和有色人种所遭受的不平等——但是，我们始终未能解决这个问题。当我们更认真地思考这个不平等问题时，我们意识到，它不能仅在国家机构层面得到解决。学校必须在解决不平等问题上发挥一定的作用；作为个体，我们每一个人都必须在解决不平等问题上发挥一定的作用。当我们恢复开学时，当我们考虑我们的孩子——所有孩子的未来时——我希望你们停下来反思一下。我想请您扪心自问：作为个人，我可以做点什么来提升社会公平吗？各个学校或学区，我们能否集体采取行动来解决几个世纪以来一直困扰我们的这个结构性不平等问题？

甚至在发生这些事件之前，影响我们孩子心理健康的问题就已经激增，我们已经感受到了这些问题带来的警示信号。本书第1章将详细讨论这些问题的攀升现象，也会很简要地讨论，随着先进技术被应用到教育领域，美国联邦、州和地方层面的政策制定者开始更多地关注学生的学业——这反过来又导致了更多的心理健康问题。随后，新冠肺炎疫情在全球暴发，许多教育工作者和教育界领袖发现，他们必须重新思考，什么才是他们应该优先关注的问题。随着美国各地的学校停课，教育工作者的主要关注点就变成了要解决所有儿童的温饱问题，他们中有些正处在贫困之中，遭遇粮食短缺问题。

贫困，以及许多其他问题，如无家可归和被虐待，都是美国这个国家所面临的日益严重的问题。不难理解，这些类型的问题会造成情感创伤。在很多情况下，这类情感创伤直接证明我们存在体制性不平等问题；在其他情况下，情感创伤则来自霸凌、暴力、孤独感或其他社会因素。学校很少是造成这种情感创伤的源头，家庭则常常是造成创伤的漩涡中心——无家可归也可造成情感创伤。事实上，学校可能是许多学生可以躲避情感创伤的地方，因此，当我们因为疫情而封校、停课，并且将学生送回家时，发生了什么？我们实际上等于将他们每天都置于可能造成情感创伤的环境中。除此之外，最近发生的事件，使得许多学生的孤独感和焦虑感更加严重。在2020年之前，据估计，美国有近三分之二的学生在他们的生活中遭遇某种形式的精神创伤。

而现在，在新冠肺炎疫情暴发后及我们经历近期的社会动荡之后，可以肯定地说，几乎所有学生都经历着某种程度的情感创伤。学校停课时间延长，导致学生的心理健康问题急剧增多。随着学生的心理健康问题增多，许多教育工作者意识到，我们在努力提高学生学业成绩的过程中，忽略了重中之重的职责：对学生进行全人教育，并且关爱他们。

随着学生重返校园，新常态就是开展全人教育，培养和支持孩子身心健康、全面发展。这会对学校的师资配备、评估方式和实施方式产生影响，也会影响我们校内教辅人员发挥作用的方式。这种新常态还包括新技术带来的新变化，即我们如何利用技术来辅助学习并提升教育公平。在新冠肺炎疫情暴发前，我们在一个又一个的学区开展动员，试图使21世纪的技术符合我们还滞后在20世纪的学校的需求。我们现在明白，只有对滞后在20世纪的学校加以改革，才能使它们适应我们所处的21世纪的技术发展现状。尽管这种新的教育范式包括远程学习，但它并不要求彻底转变为数字学习或在线学习方式。现在的我们比以往任何时候都更加了解教师和课堂的重要性。教师可以在课堂上引导学生明确学习的目的和意义，并且培养师生关系；可以在课堂上营造严谨和包容的文化氛围。因此，这种教育范式改变意味着，我们需要重新定义教师、家长和社区的角色。这场危机让我们明白，我们需要利用技术优势来支持所有学生，使之发挥其潜能。为了实现这种转型，我们需要通过师资培训和其他支持方式，给予教师、行政人员和家长支持。

这是艰难的一年，然而，总体来说，我们还拥有无限的希望，正如悲剧经常带来的那样。我们目前所处的状况，同样使得许多问题浮出水面，包括教育、公共卫生及环境恶化等问题。但是，我相信，我们将会更认真地审视和对待其中的许多问题，并努力增加在科学领域的投入。我们将并肩作战，分享知识、提高服务社区的意识并支持当地产业的发展；我们会心怀善良、团结一致；我们必定会坚定守望；我们必须相互鼓励，找到自己内在的力量，并且散发出我们最深刻的人性光辉。

但我也因此感到忧虑。我担心，当我们看着这种新常态时，会深陷于 2020 年的困境而不能自拔。我们会过度关注当下的疫情、社会动荡和学校停课等问题，以至于会忽略我们还拥有未来。听过我演讲的人都知道，我强调专注于未来的重要性，即使我们现在困难重重，也需要在接下来的 3~5 年的时间里夯实基础，原地重建，面向未来。在本书各章节中，我将讨论新兴技术，如自动化、增强智能（augmented intelligence）和人工智能。这些技术将对我们的孩子产生深远的影响，因为他们要在工作、家庭和社区中取得成功，所需要的技能都会受到这些技术的影响。尽管固守现状很有诱惑力，但新常态不能以 2020 年为基础，新常态必须以 2025 年甚至 2030 年为基础。我们在开展全人教育和吸纳新技术时，都必须着眼于未来。我们作为学校领导参与教育的改革和演变，必须超越今天，放眼未来——我们必须欣然地拥抱未来。

威拉德·R. 达吉特
2020 年 11 月

目 录

教育专家对本书的赞誉
序　言
前　言

引　言 / 1
　　保持乐观的理由 / 4
　　逐步演变而非彻底变革 / 5
　　各个层面的领导者 / 8
　　是什么，为什么，怎么做 / 9
　　为什么成立研讨小组 / 11
　　研习导读 / 14

第1章　当今的孩子们 / 17
　　陷入困境的一代 / 20
　　技术的阴暗面 / 25
　　家庭情况的变化 / 30
　　学校里的压力 / 35
　　持续存在的危机 / 39

第2章　学生将要迈入的未来世界 / 45
　　现在与未来的就业前景 / 50
　　人口结构变化 / 58

未来成功所需的技能 / 65

　　　就业准备与升学准备 / 71

　　　未来的学校领导 / 75

第 3 章　培养全面发展的孩子 / 80

　　　社交和情绪：从本能的认识转变为明确的技能 / 84

　　　社交和情绪学习能力使所有学生受益 / 87

　　　理解行为健康连续体 / 92

　　　采取灵活的策略，而不是僵化的措施 / 96

第 4 章　严谨性和相关性：现在始于人际关系 / 110

　　　三个"R" / 114

　　　牢固的人际关系带来深入的学习体验 / 119

　　　建立学习促进型关系 / 128

　　　人际关系量表 / 132

　　　领导者的角色 / 137

　　　社区参与 / 140

第 5 章　面向未来，而不是聚焦眼前 / 149

　　　聚焦眼前的陷阱 / 152

　　　新焦点：新思维 / 157

　　　改革前行路上最大的障碍——预算 / 162

　　　如何实施变革——实事求是 / 168

第 6 章　关注学生成长，而非注重成绩 / 178

　　　我们的目标是成长 / 182

　　　多维学习者 / 185

　　　终身学习 / 189

衡量成长 / 191
让学校（更）有趣 / 196
选择成长 / 201

第 7 章　数据：助力学区和学校决策 / 205
打开王国的钥匙 / 208
数据启示型教育 / 212
感知数据具有预测力 / 214
数据驱动型机遇 / 217
数据"梦想" / 219
数据并非终极要义 / 222
将数据转化为行动 / 224

第 8 章　未来课堂 / 229
不要再找托词 / 234
培养身心健全的孩子是第一要务 / 236
历久弥新：新事物，旧事物 / 241
未来课堂 / 245
新目标，新角色 / 249
师资发展培训 / 254
结束语 / 258

致　　谢 / 263
作者简介 / 265
国际教育领导力中心简介 / 267

引　言

一场就业"流行病"正席卷美国：现在的学生尚未做好在职场获得成功的准备。根据美国高校和雇主协会（NACE）最近对4000多名高校应届毕业生及200多名雇主的调查，仅一半左右的雇主认为，学生在口头和书面交流、批判性思维、解决问题和领导能力等方面表现突出。领英公司（LinkedIn）最近公布了其年度热门技能排行榜，该榜单分析了整个职业社交网络的数据，对职场中紧俏却十分稀缺的技能进行排名。上榜前五名的技能分别是创造力、说服力、协作力、适应力和时间管理能力。

在商业圆桌创新峰会（Business Roundtable Innovation Summit）等活动中，一些私企高管表达了同样的担忧。招进来的员工单从简历上看都不错，但他们往往不具备现代职场所需的关键能力——项目管理能力和团队协作能力，甚至对如何有效参与会议都缺乏最基本的了解。

这种趋势下最令人担忧的情况是什么？随着技术不断改变

劳动力市场,上述技能只会变得越来越重要。根据世界经济论坛(WEF)发布的《未来就业》(*The Future of Jobs*)报告,2020年及以后,人们要想在工作中不断成长,必备的十项技能包括解决复杂问题的能力、批判性思维、创造力、人力资源管理能力、与他人合作的能力、情商、积极聆听的能力、服务运营能力、协商谈判能力及认知灵活性。

这意味着当代学生必须具备技术专长或学术成就以外的技能,以建设一支强大的劳动力队伍和一个繁荣的社会。他们必须成为技术时代的"文艺复兴"者,同时善于适应变通,具备解决问题和有效合作的能力。

然而,许多教育工作者并没有积极地培养学生这些技能,而是按部就班地改善既有教育体制。在该体制下,他们只关注学生的出勤情况、注重学生是否遵守规则及学生记忆事实的能力——这些职业技能是雇主可以毫不费力地使用自动化技术来实现的。学校往往因循守旧,还在用过去的方法培养学生未来所需的技能。坦率地说,很多教育工作者认为,自己的工作只是让学生为下一次考试、升到更高的年级或接受更高层次的教育做好准备。这是一种面向过去而非着眼未来的培养学生的策略。简而言之,虽然我们已经进入21世纪的第3个十年,但与19世纪相比,我们的教育体制转变得还不够快。学校和课程的创新速度滞后于经济、技术和社会的发展。死记硬背和简单的理解对学生的成长不再奏效,认为学校教育毫无意义的学生不在少数。即使成绩好的学生也经常只是在玩游戏，并没有全身心地投入学业当中。因此，人们对美国基础教育体系（K-12）的信心正在减弱，因为它没有让学生做好准备来迎接他们即将接手的世界和需要面对的挑战。

谁才是真正的受害者？美国各地的在校青少年将会发现，自己比以往任何时候都更难以安家立业和拥有一个有前景的未来。如果我们继续以目前的模式培养学生，那么与就业和公平相关的问题将会更加严重和普遍。还在按照老一套工作方式而准备的毕业生，将无法找到能让自己自力更生或过上满意生活的工作。

如果这还不能让您产生共鸣，您可以花点时间想想那些您认识的家长，他们的子女正处于十几岁或二十岁出头的年纪。这些家长中有多少人因为自己的孩子就要成为一个独立的成年人而焦虑，甚至是恐慌？再想想您认识的年轻人，有多少四年制大学本科毕业生现在还住在家里，或者仍需要父母的经济支持？据皮尤研究中心（Pew Research Center）分析，当代18~34岁的年轻人独立生活的可能性低于过去120年中的任何时期，包括经济大萧条最严重的时期。另一项最新调查显示，超过一半的父母拿出自己的退休储蓄，给成年子女支付房租、手机账单和信用卡账单。

而这些年轻人往往是我们眼中"成功的学生"。他们是模范学生：成绩优异，独占鳌头；他们是大学生和研究生。当最优秀、最聪明的学生,即所谓的成功的学生,以前所未有的规模回家啃老时,这应该是对我们所有人发出的警醒信号。

这不啻一场潜在的社会和经济灾难。

保持乐观的理由

以上所描述的情况听起来是不是很可怕?但请放心,情况有希望变好。我相信,美国拥有目前世界上领先的公共教育体制。我不仅是以一位终身教育工作者的身份说出这番话,也是以一位父亲和祖父的身份说出这番话的。我们的教育体制有最高标准吗?没有。有最适用的标准吗?也没有。那凭什么说美国拥有全世界领先的教育体制?原因很简单:在美国,每个孩子都能接受教育。我们努力实现公平和追求卓越,这样才得以让美国的教育水平在世界上领先。

看看近200年来美国教育体制的规模。我们现在每年培养多达7400万名学生,这样的教育体制是美国历史上伟大的公共项目之一。除了少数可能的例外,没有任何其他公共机构或私人机构能在这么长的时间内取得如此大规模的成功。在大肆宣传炒作下,谷歌(Google)公司也才面世二十几年,脸书(Facebook)的历史则更短了。苹果(Apple)公司成立了四十多年,拥有数百万消费者,但其成功,在我们的教育体制面前也会相形见绌。美国的教育体制及支持该体制的众多专业人士,使美国多年来一直跻身于全球经济体的前沿，这缓解了贫困问题、解决了不平等问题、带来了希望、激发了潜力，让数亿人能够养家糊口，甚至过上了高质量的生活，并且促进了社会进步。当然，这也促进了人类有史以来最伟大的突破和创新，包括根治曾经致命性的疾病、发明了改变生活的技术及探索外太空。

所以，我们应该摒弃美国教育是"糟糕的"或行政管理人员和教师是"失败的"这种观念。世界一直在以"摩尔定律"的速度发生快速变化，技术也持续以前所未有的速度改变职场，但很多基本原则和教学实践至今仍然适用。我们的确需要转变教育方式，为学生提供必要的支持和技能教育，让他们在未来能够获得成功，但这不是以废弃现有的教育体制或诋毁体贴、关爱学生的教育工作者为前提的。美国的学校是妙不可言的地方，每天都能给人以兴奋、美好和启迪，但我相信，教育工作者已经集体将注意力从"让学生独立自主"的最终目标转移到别的目标了。美国的公立基础教育（K-12）学校并不需要彻底变革，它们只需要一个强有力的助推，使其朝着21世纪学习的新愿景前行。

逐步演变而非彻底变革

我在许多演讲场合最喜欢说的一句话是："教育需要逐步演变而不是彻底变革。革命者不会有好下场。"过去几十年中，有许多提倡学校改革的"革命者"企图彻底改造学校，这些精明能干、资金雄厚且用心良苦的理想主义者,热衷于改革美国的公立基础教育体制,但他们没有周全地考虑在几个世纪的教育实践中所形成的教育规范,还低估了教育工作者、家长、选民和纳税人对学校面貌与运作的强烈社会信念。因此,这些教育涉及的利益相关者群体认为,学校改革注定会陷入一场循环:雄心勃勃的重塑、平平无奇的结果与不可避免的倒退。

在这些用心良苦的人互相争论时,我们已经快速投入到标准化测试中,制定了错误的问责程序,让学生固守过时的教育模式,没有向他们传授现代经济所需的技能。在技术突飞猛进的同时,教育仍然过度依赖过时的职业能力理念,不够重视数据分析等科学工具的作用。

的确,教育需要演变。如果我们不试图摒弃现有体制、建立一个新体制,而是把同样的精力投入能让主流公立学校蓬勃发展的成熟项目中,结果会如何?如果教师们能够融入新的、更有效和更具吸引力的课堂互动模式,不必抛弃过去所学和所做的一切,结果又会如何?这听起来完美得难以置信。我在本书中提出了一个可持续框架,帮助学生培养获得成功的技能,使他们在现在和未来的工作中茁壮成长。

最近,我有幸担任多个国家委员会的主席,这些委员会分别从学区、学校和学生层面仔细研究了美国进步最快的学校的特点。图0-1将几项研究结果相结合,全面展示了教育领域所需的改变。

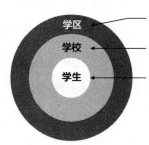

图 0-1 三项全国性研究

第一项研究由美国学校管理者联合会（AASA）资助，重点关注美国最成功的创新学区。以此为背景，我们从美国 16000 个学区中挑选了 25 个学区，分析它们在提高学生成绩方面的不同做法。此工作建立在我作为项目负责人，为首席州立学校官员委员会（CCSSO）开展的一项早期全国性研究的基础上，该研究关注美国进步最快的学校。由于发展不好的学区也有好学校，这项研究注重的是校长、教师和其他教育工作者在各自的领域内付出了什么努力来提高其所在学校的教育水平。最后，我主持了美国预防辍学中心（NDPC）与 11 所研究型大学联合开展的一项研究，确定了培养最弱势学生的最佳做法。这三项研究结合在一起，清晰地表明了学校——不论其办学规模和所在水平层次——如何能够更好地培养学生面向不确定的未来。

毫无疑问，我们培养学生并非单纯地为了就业，更是为了培养他们作为劳动者和公民的终身学习和协作的能力。据估计，大约一半的幼儿园儿童将来会从事目前尚不存在的工作，所以，培养他们的终身学习能力和协作能力，对于社会未来的繁荣发展至关重要。此外，他们还要解决我们几乎无法想象的社会问题。因此，我们需要转变教育方式，充分利用目前学校与专业人士的优势。我们可以运用本书提到的策略，将现有的美国公立基础教育推进到21世纪，使其与当今世界和未来职场需求相关。但和其他重大变化一样，这些变化也不会凭空发生，而是由领导者推动的。

各个层面的领导者

本书作为实用型和研究型文献资源，是为包括校长、副校长、教育学监、学监助理和其他行政管理人员在内的广大教育领导者的量身定做的。现代教育领导者的责任范围相当广泛，涉及学校安全、儿童全面成长、心理健康、关系发展和对学业负责等方面，我在本书中提出了解决以上责任问题的策略及其他相关策略。因为现实中校园领导力涉及各个层面，领导力的范围包括地区办公室、学校走廊和操场，所以，本书对作为领导的教师、教练、职业发展专家、辅导员和职业培训从业者都同样适用。对于我在本书中提出的框架，任教于所有学校、各个年级的教育工作者都能轻松地掌握和运用，这便于他们将普通课堂变成内容丰富的教育环境，以培养学生面向未来的技能。

除了教育行业的专业人士，学校行政管理人员也可以向学校董事会的新董事、家庭教师协会（PTA）成员和深入参与孩子教育的家长们推荐本书，便于他们更好地了解需要做出哪些改变才能改善教育环境。一个朴素的现实是，了解情况的家长和关心教育的公民是实施任何真正意义上的教育改革的关键。本书清晰地描绘了美国公立基础教育的现状和未来，为读者提供了必要的工具和知识以支持和倡导可持续性学校改革。

是什么，为什么，怎么做

为触及每一位读者，本书探讨了许多地区当前面临的挑战，并据此提供了基于研究而提出的解决方案。本书揭开了一些关于学生和教育工作者之间关系的神秘面纱，探讨了教育发展趋势和新技术，并且解释了这些变化对我们的职业而言意味着什么。首先，本书第1章概述当代学生面临的困境，包括焦虑、霸凌和无家可归。第2章冷静地放眼未来，关注技术发展、人口结构变化和逐渐演变的职场要求。第3章分析如何通过社交和情绪学习（SEL）更好地解决前面章节中讨论的学生行为问题及如何应对就业市场发生的变化。本章还包括在学校和课堂中落实社交和情绪学习倡议的具体措施。第4章探究建立人际关系的重要性，特别是对促进"严谨性"和"相关性"教育的重要性。接下来，第5章讨论教育应该"面向未来"而非"聚焦眼前"两大概念，并且提供了一些方法，以培养学生应对更具不确定性和竞争激烈的经济环境。第6章主要探讨现有学业能力水平模型——一个由标准化测试驱动的模型——的不足之处，强调关注学生成长的重要性，尤其是与终身学习有关的成长。第7章深入研究数据，分析其优势与局限性，关注数据改善教育成果的前景。最后，第8章考查了数据等趋势、变化和新技术在课堂中的意义。

为帮助读者运用本书中提出的观点，我在各章中都设有"未来应该汲取的经验和教训"版块，以及专家给出重要信息的"专家视点"版块。

技术已经从根本上改变了职场，以及我们能脱颖而出找到一份工作所需的能力。各行各业的雇主越来越需要更高级的、应用型技能。技术严重冲击了中等收入的工作，而公共教育体制过去主要针对这类工作培养学生。几十年前，随着机器人取代了工厂工人，个人计算机取代了大多数机械的办公室工作，自动化开始淘汰许多行业。

这些挑战只会越来越难以应对。

随着强大的新技术出现——人工智能（AI）、机器人技术、人机交互技术和基因工程等——机器将开始取代人类，它们不仅可以承担体力工作，还能执行更多认知性的"人类"任务。一场关于人工智能和类似的技术到底会威胁多少工作岗位的公开辩论已经出现，毋庸置疑，每种职业多多少少都会因此而有所变化。

教育的主要目的——至少在我看来——是培养学生面向日益不可预测的未来。所以，我们是否已经迈出勇敢的步伐，为21世纪的学生提供指导？如果还没有，原因何在？您还在等待什么？要等到情况变得更糟吗？

当您捧起本书，就意味着您已经向前迈出了一大步。改变学校的呼声和以前一样迫切。世界发生变化的速度只会越来越快。采取行动的时间拖得越晚，对包括行政管理人员、教师、辅导员和家长在内的所有人而言，工作就越难做。所以，在问题变得更棘手、成本更高、风险更大之前就开始行动吧。为了下一代的员工和雇主，为了未来的父母、房主、问题解决者，为了未来的创新者、企业家和社区领导者，我们应有所作为。

我们要对现在的学生负责，因为他们将成长为未来的公民。

为什么成立研讨小组

我们都知道，学习具有社会性，而且科学已经证明了这一事实。我们当中有许多人已经在课堂上观察到学习具有社会性，我们也希望在课堂上看到师生高度参与、集体解决问题并开展热烈讨论的场面。然而，我们的教育工作者在职业培训研习小组中却经常被迫独自阅读和消化材料。本书通过让您深入阅读文本，帮助您体验积极式、协作式职业培训方式。希望它能提供相关策略，帮助您解决学生存在的行为问题、新技术问题及应对未来经济可能出现的不确定性，能够让您提出重要的问题，并且提升您的教学实践。请记住，重要的一点是，要营造一个安全的研习环境，能让教育工作者无所顾忌地自由交流思想，促进自身成长并激发他们进行自我反省。

当您探索如何才能有助于实现教育的演变时，以下是组织研习小组时需要考虑的一些重要因素：

小组规模。如果全体教职员工都参加研习小组，您可以根据具体情况将他们分成几个小组，针对特定主题进行研讨。在某些类型的分析和反思任务中，教职员工两两配对或四人一组，研讨效果可能更好。将所有教职员工合理分组，并且跟踪学习活动启动和停止的时间。如果您想要组建自己的研习小组，可以考虑邀请8~12位组员加入。根据杰夫·贝佐斯（Jeff Bezos）的观点，这是实现高效能和高度参与的理想的小组规模。贝佐斯将其称为"两个披萨原则"（two pizza rule），意思是小组成员的规模应该控制在用两个披萨就能"喂饱"的水平。组员应该是您尊重，并且敢于挑战您的想法的人。他们不需要和您的想法一致，但他们应该胸襟开阔、思想开明，能够开展具有思想深度的对话。

邀请组员加入。在邀请有意愿加入的组员时，重要的一点是，要明确告知他们，您将进行什么类型的对话、需要他们付出的努力程度和必备的性格特征。参与者应该有提高学生课堂表现的强烈愿望，并且愿意为之投入时间。在邀请组员加入时，务必明确对小组成员的期待、时间框架、责任和拟取得的学习成果等事项。

日程安排。对于所有的教育工作者来说，时间是一种稀缺资源，十分宝贵。在安排会议时，请明确会议召开的时间、地点和需要阅读的文本章节。除非会议由专业的培训师或主持人主持，否则，请考虑为每次会议确定一个主持人，这样有助于落实和明晰小组内部成员的责任。每次会议结束时，您务必提醒下一次会议培训的有关事项和必读书目。

规范和期望。如果您在一开始就明确对组员的期望，研习小组的运作会更加顺畅，研讨也会更受欢迎。要想方设法地让每位组员都参与到对话之中，并且确保他们的意见得到尊重。如果小组成员偏离主题，或者注意力转移到别的主题上，一定要提前做好安排，重新回到会议主题。而且，最重要的是，要营造一个让成员有安全感的环境，让他们可以自由表达自己的想法和感受，而不必担心受到批评或斥责。

研习主题。每章都提供了一个研习主题，有助于点燃讨论的火花。您可以利用这些主题问题来开启一系列探究活动或鼓励个人进行思考。此外，本书每一章最后都包括"未来应该汲取的经验和教训"这个部分。这些小结部分旨在帮助读者将贯穿本书的诸多理念加以融会贯通，您可以将其用作研讨会议的部分内容或作为开启对话的一种方式。

共享资源。考虑创建一个共享文件夹或共享区域，用于保存研讨小组的日程安排、研讨问题、参考答案、应用工具、成功案例和学习资源。创建这样一个共享空间有助于整理教学材料，并且能更有效地将材料内容转化为课堂实践。您也可以用软件来保存共享资源。

研习导读

未来变得越来越难以预测，而教育的主要目的就是让学生为这样的未来做好准备。科技改变了职场，也改变了开展工作所需的技能。这就意味着，我们必须赋予所有学生更多更全面的技能，而不仅仅让他们具备某种技术专长或仅仅取得学术成就，唯有如此，才能打造有更强大竞争力的劳动力大军，并且建设繁荣的社会。本书对当前教育面临的挑战做出回应，并且提供了基于研究得来的解决方案。此外，本书还揭示了学生和教育工作者之间的关系，探索教育的发展趋势和新技术，并且解释这些趋势和技术变化对我们的职业意味着怎样的影响。本书的内容涉及：

- 我们的学生今天所面临的心理健康问题和社会挑战。
- 技术发展和人口结构的变化将如何影响不断变化的就业市场。
- 社交和情绪学习及重新增加对有意义的人际关系的投入，对解决上述这些问题的重要性。
- 着眼于未来，并且鼓励终身学习，而不是依赖现有的水平和技能。
- 数据的优势和局限性，以及数据如何改善教育成果。

本书各章提供"反思工具"版块，旨在帮助读者理清思路和厘清疑问。

本书的预期研习成果包括：

- 认识美国的"就业流行病"。
- 了解我们当前教育体制中存在的缺陷及其对学生造成的负面影响。

本书的研习主题包括：

- 当今学生准备不足，无法满足21世纪的职场要求。他们缺乏哪些不可或缺的技能？为什么？
- 美国的公立教育体系与世界其他国家和地区的体系为什么不同？美国当前教育体系的优势和劣势分别是什么？

- 为什么改变美国学校的现状应采取"演变式"而非"颠覆式"的方案？
- 当今教育界领袖肩负着许多新的责任。除了教学，您作为教育工作者还扮演什么角色？您通过哪些方式支持和倡导可持续性学校改革？
- 您和您的同事是否已经采取措施，让学生为21世纪做好准备？如果是的话，您在此过程中经历了哪些挑战？

本书所涉的行动步骤：

- 确立学习本书要实现的团体目标和个人目标。
- 复习阅读材料，以及确定下次会议召开的时间、日期和地点。

第1章 当今的孩子们

预期研习成果：

- 认识我们的学生正在经历的心理健康危机。
- 了解各种因素如何对学生的身心健康产生持久的影响，例如，新技术、学生家庭生活发生变故和来自学校的压力源等。

研习主题：

- 每年被诊断出患有焦虑症、抑郁症和行为障碍的儿童数量令人惊愕。哪些因素导致这些病症？
- 对考试日益关注，这一点将如何影响学生的学业表现和身心健康？
- 儿童运用新技术会带来哪些益处和风险？
- 家庭如何影响学生独立自主、自力更生和果敢决断等技能的发展？
- 为什么我们的学校不再是安全的地方？这个现象是由哪些外部因素和内部因素导致的？

行动步骤：

- 为我们学生所面临的问题构想一个解决方案，可能令人望而生畏。阅读本章后，请分享一个您计划下周在课堂上尝试的促进学生心理健康和行为健康的策略。请为所在小组中的每个成员制订一个计划，请他们分享经验和所学到的东西（通过小组文档、电子邮件等方式）。
- 培养健全的孩子是一项需要集体努力的任务。列出您希望融入学校文化的促进成长的措施和预防措施。小组成员对这些措施分别有什么反馈？请您创建一个共享文档来发布此类反馈，并且对其加以比较。

16岁的卡梅隆·李（Cameron Lee）很受欢迎，体格健壮，是个优等生。作为加利福尼亚帕洛阿托（Palo Alto，位于硅谷，以其高水平的学校而闻名）冈恩中学（Gunn High School）的一名初三学生，他经常向朋友吹嘘自己通宵学习。卡梅隆打篮球、捉弄其他同学、获得所有科目全优的成绩。从表面上看，他是一个正常的、适应能力强的孩子，位于正通往成功的快车道上。

但后来，卡梅隆却感到焦虑、抑郁和疲惫，在一列南行的通勤列车前卧轨自杀了。

当地社区对此十分震惊。卡梅隆并没有表现出危险青少年的典型征兆，但他也不是帕洛阿托学区第一个自杀的学生。最近几年，有6名学生相继自杀，其中5名学生都是在迎面驶来的列车前结束了自己的生命。

为什么有这么多青少年自杀？为什么这种情况甚至发生在那些成绩优异、看起来适应能力很强的学生身上？

如今，学生正面临严重的心理健康危机。过去几年里，青少年焦虑、抑郁、孤独、自残和自杀的比率飙升。2007—2017年，10~24岁的美国年轻人自杀率上升了56%。美国疾病控制与预防中心（CDC）的数据显示，每6个2~8岁的孩子中就有一个被诊断出患有心理健康疾病或行为障碍，而且最常见于非西班牙裔白人男孩中。约400万个3~17岁的孩子被诊断出患有焦虑症，近200万个孩子患有抑郁症。患有行为障碍的人数也在增加，超过三分之一的孩子出现行为问题。

这些数字在女孩中更不乐观。世界卫生组织（WHO）的数据显示，有21%的13~18岁年龄段的女学生在发育期出现严重的心理健康问题。女孩中抑郁症患病率和自杀率在急剧上升。2010年以来，在十几岁的女孩中，

- 自杀率上升了65%。
- 重度抑郁症患者增加了58%。
- 产生绝望感的人增加了12%。

在学校和整个社会面临的严重危机中,自杀只是其中一种令人心碎的表现形式。与几年前相比,现在的学生不仅自杀次数更多,而且自杀的念头也更频繁。美国疾病控制与预防中心的数据显示,有17%的高中生和8%的大学生认真考虑过自杀。自杀的念头甚至发生在年仅9岁或10岁的学生中。自杀现在是年轻人的第二大死因,仅次于意外事故。就像我们在卡梅隆·李的故事中看到的,自杀对所有学生来说都是一种风险,包括那些看似快乐、得到良好的支持和成绩优异的学生。

这应该,不,是必须给我们所有人敲响警钟。我们的孩子正面临如此严重的心理健康危机,教育专业人士不能再不予重视了。我们不应该只能从自杀这样的悲剧事件中,看到当今的学生所面临的、往往靠其自身努力无法克服的困难。

陷入困境的一代

许多人已经注意到,教室里焦虑不安和不堪重负的学生人数急剧增加。美国国家精神卫生研究所(National Institute of Mental Health,NIMH)发布的报告显示,焦虑是美国最常见的心理健康异常症状,近三分之一的青少年深受其扰。在当代社会,有很多正当理由让人感到焦虑。这些学生有的是在遭受虐待的家庭环境中长大，有的生活在暴力肆虐的社区，有的正面临食品安全问题，有的甚至无家可归。但是，学生并不只是担心自己的课余生活。北卡罗来纳州的一名高中生担心，如果自己在学校随堂测验中表现不好，"那我在班上的成绩就会很差，去不了理想的大学，我就找不到好工作，最后沦为彻底的失败者"。2018年皮尤研究中心对13~17岁青少年开展的民意调查报告显示，90%的学生认为自己必须在学校表现良好。该报告还显示，70%的调查对象认为焦虑和抑郁是同龄人面临的严重问题。

临床抑郁症患者人数也在急剧增长。世界卫生组织称，抑郁症是导致全世界青少年患病和残疾的最普遍原因。医疗保险服务机构蓝十字与蓝盾协会（Blue Cross Blue Shield，BCBS）的一份报告中的数据表明，在2016年，12~17岁孩子中被诊断出患有重度抑郁症的人数增加了63%。在青少年中，抑郁症的患病率在稳步上升，在年龄最小的学习者中，抑郁症也更为普遍了。现在，3岁儿童患抑郁症的风险较高，特别是他们如果有其他心理健康问题和行为障碍问题时，如焦虑症或注意缺陷多动障碍（ADHD）。此外，患有抑郁症的学生并非总能得到他们需要的关键帮助，这使问题变得更加严重。其中，45%的女孩积极寻求治疗，相比之下，积极寻求治疗的男孩占比只有33%。焦虑症与抑郁症的患病率与其他社会趋势有很深的渊源，如孤独和自残，这些趋势在过去几十年里加速恶化。

最孤独的一代

如今正在成长的这代孩子将成为有史以来最孤独的一代。2020年一项广泛研究的结果表明，24岁以下的年轻人中有62%的人表示自己一周至少会有一次感到孤独。虽然当代青少年是与外界联系最广泛、最懂技术的一代，但和以前的人相比，他们感觉更加孤立，其生活中缺乏有意义的人际关系。事实上，他们花在屏幕上的时间并没有转化为与同龄人更深厚的联系。与花时间和朋友面对面交往、运动健身或阅读纸质书的青少年相比，把时间浪费在智能手机和社交媒体上的青少年更有可能出现心理健康问题。

孤独造成的消极影响比看起来更危险。信诺保险集团的首席医疗官道格拉斯·内梅切克（Douglas Nemecek）强调，孤独感与焦虑和抑郁等已存在的健康问题之间存在联系。内梅切克表示："研究发现，孤独感导致的死亡率相当于每天抽15根烟，甚至比肥胖症更危险。"此外，孤独感还与心脏病和中风等致命性疾病有关。

过度劳累，心力交瘁，害怕失败

就算就读于好学校，拥有充足的机会，很多学生也被逼到了心力交瘁的地步。在某种程度上，这是因为风险比以往任何时候都更高了。如今，很多家长和老师过于在乎学生的考试成绩，他们要确保孩子们能被精英大学录取。这已被视为通往未来成功和幸福生活的一种途径，所以也能理解。哪个父母不希望自己的孩子幸福美满、事业有成呢？但现在普通学生参加的能力倾向测验比过去任何时候都多。在2016—2017学年，超过670万名考生完成了SAT[一]或PSAT[二]相关评估测验。越来越重视考试意味着学生要花更多时间学习，这让他们在紧张的日程安排中更加不堪重负。为了在竞争激烈的大学申请者中脱颖而出，他们还必须在体育、音乐或其他课外活动上投入时间。以前这些都是很有趣、能丰富课余生活的活动，现在对有些学生而言，却成了申请书或简历中的加分项。

即使学业成绩出色、考试分数优异的学生，也很难保证被顶尖大学录取。各大学录取率的逐年下降，导致学生和家长认为有必要加倍努力学习、考出更好的成绩，以提高竞争力，获得缩减了的录取名额。过早要求取得成功的

[一] SAT，全称为Scholastic Aptitude Test（学术能力倾向测验）；俗称"美国高考"。——译者注

[二] PSAT，全称为Preliminary Scholastic Aptitude Test（学术能力倾向初步测验）；俗称"美国高考预考"。——译者注

压力严重损害了学生的身心健康。美国斯坦福大学心理学教授卡罗尔·德韦克（Carol Dweck）是畅销书《终身成长：重新定义成功的思维模式》（*Mindest：The New Psychology of Success*）的作者，她表示："现在的孩子似乎更疲惫和脆弱。我听到的害怕失败，害怕被评价的声音比以前多得多。"这种对失败的恐惧正严重影响着年轻人，这会让他们不敢去冒险、不敢直面问题，甚至不敢从自己的错误中吸取教训。

从本质上看，这阻碍了年轻人的成长。

自残"流行病"

大多数学生在遭受心理健康危机时，没有能力自己解决，因此往往会采取具有伤害性的应对行为，比如自残。多达十二分之一的高中生曾以割伤、烧伤或其他自残行为故意伤害自己。大多数自残者从15岁开始自残，这种行为会持续5年甚至更久。虽然男学生自残的统计数字很高，但自残行为在女学生中更为普遍：十分之一的男生曾故意伤害自己，而这一比例在女生中高达四分之一。研究表明，自残行为往往会随着年龄的增长而减少，但显然，学生需要更多帮助和适应性策略来应对自己的痛苦和精神创伤。

> **专家视点**
>
> 2010年我在休斯敦独立学区（Houston ISD）担任校长。在我的记忆里，当时并没有哪个小学生因为想自杀而被转介到班主任或我这里。去年，联合县（Union County）主要的自杀转介对象是4年级和5年级的学生。作为一名教育工作者，这对我的触动很大。当我们提到正在经历危机的孩子时，我们不是在歧视他们。
>
> ——安德鲁·G.霍利汉（Andrew G. Houlihan）博士
> 北卡罗来纳州门罗市联合县公立学校教育学监

来自美国焦虑症和抑郁症协会（Anxiety and Depression Association of America，ADAA）的数据显示，25%的这类焦虑症和抑郁症病例发生在14岁之前。再加上对失败的极度恐惧、与家人朋友的隔绝及自残和自杀率的上升，我们正经历着一场学生、教育工作者和家长的噩梦。这给所有人提出一个重要问题：是什么导致了孩子心理问题和行为问题的空前增长？

技术的阴暗面

新技术已经改变了我们的生活、工作和交往方式。想想智能手机在您的生活中已经取代了多少工具，您用手机看日历、设闹钟、列计划、查天气。手机还取代了相机、购物车和报纸，也是 Instagram①、Snapchat②和 YouTube③等社交媒体软件的载体。今天的学生未曾经历过没有这些功能和平台的世界。智能手机就是他们世界的延伸，大多数学生感觉上网比和朋友出去玩或参加聚会更舒适。

这就是问题的主要原因所在。

技术使孩子们更加孤独，更容易患上心理健康疾病，这个问题在本章前面已经探讨过。技术还会损害他们在学校的声誉和表现。经常使用智能手机会让人期待即时反馈。例如，学生可以在 Instagram 上发布照片，或者在抖音海外版（TikTok）上分享视频，并且很快就能收到点赞和评论。这种快速的形式意味着一条帖子可以迅速传播，被全球数百万人看见。即使受

---

① Instagram（照片墙）是一款运行在移动端上的社交应用程序。它以一种快速、美妙和有趣的方式将你随时抓拍下的图片彼此分享。——译者注

② Snapchat（色拉布）是由斯坦福大学的两位学生开发的一款"阅后即焚"照片分享应用程序。利用该应用程序，用户可以拍照、录制视频、添加文字和图画，并将它们发送到自己在该应用程序上的好友列表。这些照片及视频被称为"快照"（Snaps），而该应用程序的用户自称为"快照族"（snubs）。——译者注

③ YouTube，俗称"油管"，是一个视频网站。早期，公司位于加利福尼亚州的圣布鲁诺，注册于 2005 年 2 月 15 日，由美籍华裔陈士骏等人创立，用户可以下载、观看及分享影片或短视频。——译者注

众只是他们的同龄人,但对这种即时满足的渴望也会让人上瘾,强化了那些现实世界中难以转化的行为。快速发展的技术在消磨我们的耐心、分散我们的注意力。

网络和无处不在的社交媒体改变了学生的思维方式,促使其快餐式地获取信息,对信息内容做出草率决定。马萨诸塞大学阿默斯特分校的研究人员进行了一项研究,大多数调查对象表示,如果一个视频加载时间超过两秒,他们就会跳过该视频。大多数互联网用户只会浏览网站上20%的内容。由于缺乏专注力和延迟满足能力等重要技能,一旦未得到及时反馈(尤其是明确且积极的反馈),他们就会越觉得受挫。久而久之,这种思维方式会损害学生的健康,削弱其适应力和专注力。

虽然孩子们通过社交媒体软件建立关系,但这种关系并不是保证行为健康所需的深层次人际关系。他们可能有上百个甚至上千个网友,并且浪费数小时在手机上互发视频和消息,但这些互动并没有太大意义。需要说明的是,我并不主张禁止使用智能手机或平板计算机,我也不是刻意让时光倒流回打字机和邮寄信件时代的"勒德分子"(Luddite)⊖。社交媒体可以成为孩子之间互动的重要平台,让他们彼此可以保持联系,互

⊖ 勒德分子(Luddite)19世纪英国工业革命时期,因为机器代替了人力而失业的技术工人。现在引申为持有反机械化及反自动化观点的人。勒德分子是指害怕技术或厌恶技术,尤其是威胁现有工作的新技术形式的人。——译者注

相支持，随时了解朋友们的生活。

但是——这是一个很重要的"但是"——与面对面的接触相比，无处不在的数字交互可能不利于人与人之间的长期交往。这会让孩子们变得不真实，喜欢在社交平台上展现自己精心策划的内容，而不是自己的真实经历。孩子们感受到了压力，他们要在社交媒体上塑造人设，呈现出自己最好、最具吸引力的一面，因为这样才能获得他人的关注和崇拜。这也意味着在社交媒体上的交流不如现实生活中真实。孩子们如果不能做自己，还怎么与他人建立有意义的关系呢？如果不能探索和表达真实的自我，他们还怎么深入了解自己呢？

更糟糕的是，技术也为这些威胁性行为创造了新的机会。目前，网络霸凌非常普遍，32%的青少年称自己曾受到网络骚扰。学生抱怨，自己在网上发布的内容未经本人同意便被分享出去，他们的交流很少被当作隐私，谣言的传播速度也比以前更快。正如我们亲眼所见或亲身经历过的，互联网是一个容易挑起事端的地方。一半以上的青少年目睹过同龄人在社交媒体上发生冲突，超过四分之一的青少年曾因网上发生的事情与朋友产生争执。

一旦事态升级，孩子们还有一连串新的方法排斥这些曾经所谓的朋友。他们解除好友关系、取消关注、删除照片，甚至设置权限不让他们看自己的社交平台动态。当今世界，在网络上被同龄人排斥和在现实中被孤立一样伤人。有时候这样做甚至更伤人,因为技术造成的隔断使人际交往的重要成分不复存在,如同理心或责任感。每个人都清楚,用键盘抨击或伤害他人比面对面争执来得容易。

作为成年人和教育工作者,我们有必要扪心自问,社交媒体平台是否真正考虑到了孩子们的最大利益。答案很简单:没有。

当脸书、油管、推特(Twitter)㊀及其他社交媒体公司争相回应缺乏隐私保护和数据筛选的反对之声时,孩子们却刷到越来越多令人不安的内容。即使进行简单的网络搜索也会弹出一些色情图片或网站,而孩子们在情感上还无法处理这些。专家们建议家长限制孩子们使用电子产品的时间,并且在所有设备上安装过滤软件,但这些方法几乎不能让他们避免潜在威胁。实际上,大多数孩子都知道也找到了相应的方法来绕过这类障碍和过滤软件。

这不只是青少年的问题。8岁或9岁大的儿童在玩游戏、使用应用软件或看视频时,也会无意中接触到色情内容。越来越多的暴力行为被挂在社交媒体平台上供大众观看。根据美国儿科学会(American Academy of Pediatrics)的报告,频繁接触暴力信息会使儿童变得麻木,这些信息煽惑他们将暴力视为一种合适的选择。虽然许多学校已经开设了数字素养

㊀ 推特(Twitter)是一家美国社交网络及微博客服务公司,致力于服务公众对话。——译者注

课程,但必须重申的是,我们的学生极容易受到错误信息、虚假新闻和有争议的内容影响。这些问题不仅存在于虚拟世界或社交媒体平台,其中的许多问题在具体的、现实世界环境的变化中正在加剧。

家庭情况的变化

技术不是改变学生的唯一因素。家庭生活的转变和教养方式新浪潮正在影响孩子们的情绪与认知发展。为什么这么多学生缺乏独立、自主、自决等关键技能?究其原因是被用心良苦的父母溺爱所造成的。

操心的强势父母

当今有些父母过度操心子女的生活。其中一种极端是所谓的"直升机父母"和"扫雪机父母"。前者像直升机一样,整天警惕地盘旋在子女的上空,保护他们免受负面经历的伤害;后者干脆把孩子人生之路上的所有障碍直接"扫除",确保他们一路坦途。不可否认,这两种父母都是出于好心:他们想为孩子遮风挡雨,让子女远离失败和挫折,远离痛苦经历和精神创伤。但他们这样做的同时,也阻碍了子女的成长。特别是"扫雪机父母"的子女,他们完全依赖父母,让父母为自己预约医生,处理自己和朋友、室友的矛盾,以及提醒自己起床上学或交作业。这些学生进入职场后会做什么？更重要的是，当他们未来的老板指责他们的工作表现或否定他们的努力时，他们又会作何表现？

剧透式警告：这些孩子的父母会打电话给他们的老板，先是发一顿牢骚，接着替他们担保。又是父母出面救场！

在这种趋势下，如今的父母谨慎地监视和控制着孩子们的一举一动。你还能记起自己每次在家附近和一群小伙伴打打闹闹，玩到太阳落山时才被爸爸妈妈喊回家吃晚饭的日子吗？这种宁静悠闲的前互联网时代的童年如今很少见了。许多父母受到实际存在的和可感知到的危险的影响，持续关注着自己的孩子。考虑到学习、电子产品使用时间和课外活动等因素，难怪孩子们觉得没有时间自己去探索和了解这个世界。

与他们父母那一代人相比，现在的孩子玩乐时间少了一半。据一名体育老师所言，有些学生甚至不知道怎么玩一些简单的游戏，如四方（four square）⊖、跳绳（jump rope）或儿童

⊖ 四方（four square）游戏是美国颇受孩子们欢迎的一种游戏。将游戏区均分成四个正方区（用粉笔或胶带画分隔线），四个游戏伙伴分别位于四个分区内，一个选手将球投掷到其他区域内，球弹跳并被其区域内的游戏选手接住，继续掷向其他任意三个区域，没接住球或球出界、压线都被认为出局。——译者注

足球游戏（kickball）[一]。根据加利福尼亚大学洛杉矶分校（UCLA）的研究人员的一项研究，美国孩子90%的空闲时间都浪费在家里看电视或玩电子游戏。即使孩子们进行体育活动，他们在运动过程中仍受到父母的密切监督——经常是他们的教导和批评。尽管事实是，孩子们通过开放式的游戏来学习更高功能的技能，如足智多谋、团队合作和领导能力。霍普金斯大学早期学习中心（Hopkins Early Learning Center）执行主任杰米·邦奇克（Jamie Bonczyk）曾告诉我，"自由玩耍是孩子神经回路的头号生成器"。

> **专家视点**
>
> 玩耍是人类普遍的行为。实际上，玩耍是一切哺乳动物的天性，是人类了解这个不断变化的世界的方式，更是一种了解自己的方式。我们承担风险、学习在社会中获得成功所需的技能，包括解决问题的能力和协作能力。
>
> ——肖娜·麦克唐纳（Shauna McDonald）
> 明尼苏达州Playworks公司执行董事

[一] 儿童足球游戏（kickball）的规则和棒球规则基本一样，分为一垒、二垒、三垒。不同的是，该游戏不是用棒球棒去击球，而是用脚踢。——译者注

这个道理其实很简单：孩子们需要与其他小伙伴相处，并且是在没有父母不断干预的情况下相处。如果父母总是插手孩子的生活，为他们处理矛盾或应对挫折，那么他们永远也学不会自己解决矛盾或重新振作起来。孩子们无法形成自主意识，因此更容易焦虑、不自在，更容易被诊断为焦虑症或抑郁症。也会更缺乏灵活性，难以应对压力。

但另一个极端又是怎样的呢？如果父母完全放任不管自己的孩子又会如何？

缺席的父母与破碎的家庭

越来越多的美国儿童在家很少与父母接触和交流。不管这些孩子是生活在单亲家庭还是父母都在工作的家族，重要家庭成员的缺席对他们的影响很大。此外，有些孩子由于父母被监禁而失去与父母一方或双方接触和交流的机会。自1980年以来，美国监狱里的人数成倍增长，其中女性囚犯的数量增长了7.5倍。这令人难以置信。因此，至少有500万个孩子的父亲或母亲正在或曾经在监狱服刑。这种亲子分离的状态造成毁灭性影响。成长过程中没有父母陪伴的孩子更容易患上抑郁症、焦虑症和出现行为问题。这些孩子的辍学率更高、更有可能吸食毒品、成年后更容易感到孤独。他们自己本身也更容易犯罪，并且将很多这样的问题延续到后代。

尽管大萧条以来美国经济得到恢复，但学校里无家可归的学生人数实际上已超过 130 万。这意味着我们教育工作者每天遇到的学生中，正面临严重危机的学生数量惊人。泰龙·霍华德（Tyrone Howard）教授在《让所有学生都茁壮成长》(*All Students Must Thrive*) 一书中深入探讨了住房无保障和无家可归引发的独特压力源，包括破裂的家庭的日常生活、过多的关注和监视、过度担心自己的孩子会被送去寄养。过去十年，一种现象越来越普遍：好几个家庭挤在一间公寓，与家人、朋友或陌生人共享一席之地，这增加了人们的混乱感与不稳定感。

住房无保障的学生往往更频繁地搬家和转校。在一个学年内，41% 无家可归的学生会转校一次；28% 的这类学生会转校两次以上。这样一来，他们又要适应新学校的文化、背负新老师的期待、建立新的友谊，同时还要努力跟上之前落下的教学内容，这些都是极其困难的。这些学生可能与自己的父母和兄弟姐妹挤在同一张床上，无法摄入充足的营养，要么就是住在收容所。在如今典型的竞争激烈的学业环境下，这种高压让孩子们难以投入学习和集中注意力。

家庭带来的精神创伤

经历其他形式精神创伤的学生前景同样黯淡。有 4600 万名年轻人是历经精神创伤后的幸存者。这意味着，大约每 4 个上学的孩子中就有一个曾经历过造成精神创伤的事件。想想这个事实，在各学校或教室里，有四分之一的学生曾经历过创伤性事件。其中一些学生可能正在经历持续的创伤，但他们仍要去上学、努力与老师和同学互动，熬过那一天。此外，青少年遭受多个犯罪者多次伤害的可能性是儿童的3倍。无论这种痛苦的经历是源于家人生病、无家可归、贫穷、移民身份、暴力还是性侵，其影响都是广泛而深刻的。研究表明，精神创伤会影响大脑结构和功能、学习能力的发展、认知发展、社交和情绪学习能力的发展、行为健康和身体健康。这些都是影响学业成绩和生活成功的关键因素。我们在规划新的学校结构和实施新的教学方法时，需要牢记这些因素。

不幸的是，不确定性、暴力和恐惧这类问题并不局限在学生的家庭生活中。我们都喜欢把学校当成避难所，看作学生学习、社交、实践和成长的地方，不对其加以评判或谴责。但如今，现实往往相较于过去大相径庭。

学校里的压力

现在的学生比以往任何时候都更频繁地参加考试，他们被要求参加团队运动、课外活动和实习，同时也被提醒，如果他们不表现自己或不能表现自己，美好未来就会与他们擦肩而过。对许多学生而言，方方面面的成功都是可衡量的，这导致他们执着于优异成绩带来的那种外部检验。在这些学生看来，上大学是人生的转折点，成败攸关，直接决定了他们未来50

年、60年或70年的生活。差劲的成绩或失败的尝试，成为未来希望和梦想的致命打击。很多时候，这种压力被施加于儿童和青少年身上，他们才10岁、12岁或15岁，仍在发展自己的个性、社交技能和认知功能。过度重视考试成绩和绩点（GPA）就要付出惨重的代价，这不难理解。

学校痴迷于应试教育，加重了很多青少年的焦虑和抑郁情绪。心理学家让·特温格（Jean Twenge）是《互联网一代》（*iGen*）[一]的作者。他表示，太关注考试成绩和其他外在目标，会诱使孩子们通过物质利益和公众舆论衡量自己的价值。但是，当学生更关心能否进入合适的大学和赚大钱时，他们就很难被说服相信传统理念的价值，如正直、公民意识和探寻一种合适的人生哲学的好处。高等教育研究所（Higher Education Research Institute）50年来开展的趋势研究动态显示，大一新生更关心"经济富裕"，而非塑造人格。这与我在前面所论述的学生缺乏独立性、毅力和社交技能的现状有直接联系。

尽管考试和追求完美学业成绩的压力会让学生付出沉重的代价，但只要想想前面来自帕洛阿托学区的学生卡梅隆·李自杀的事件就知道，其他因素也加重了孩子们在学校的压力和焦

[一] iGen是internet Generation的缩写，译为互联网一代，因为他们是破天荒的第一代，成长于互联网触手可及的环境中。在让·特温格的笔下，千禧一代之后的美国青少年被称为互联网一代。——译者注

虑情绪。在许多学校，课堂里的人口结构发生变化也是其中一个因素，这改变了我们的教学方式；另外一个因素是，整个美国出现了令人担忧的问题趋势，这些问题趋势往往使学校成为产生人身安全问题的地方。

课堂里的人口结构不断变化

越来越多的家庭从郊区和农村迁往城市，因为城市中有更多的工作机会，但如此一来，孩子们就很少有机会接触大自然和在安全的环境下玩耍。此外，我们的课堂在种族、文化和语言背景方面变得更多样化。美国国家教育统计中心（National Center for Education Statistics）发布的报告称，到2025年，拉丁裔学生将占所有学生的近30%。相反，白人学生的比例预计将下降至46%。未来几十年，非裔美国人的入学率将保持在15%；亚洲/太平洋岛民（Asian/Pacific Islander）学生占6%，美国本土学生占1%；混血学生的比例将增加到4.5%。在美国最大的83个城市中，有色人种学生占学生群体的大多数。当然，人口多样化不是坏事。这可以丰富学生的经历、使学生更容易互相接纳和理解，让所有人成为更好的合作伙伴。

多样性绝对是一个积极因素，我们应该予以重视和鼓励。但它也确实给课堂带来了新的挑战——我们需要为教师提供应对这些挑战的策略和技能。

同样要注意的是，越是多样化的学校，往往有更多来自低收入家庭的学生。虽然城市可能会经历最明显的人口结构变化，但这种变化正在美国各地的社区，甚至曾经种族单一的小镇发生。在教育领域，这种变化对教师而言是一道难题，因为他们习惯于以一种认识和理解同质群体的方式开展教学活动。随着人口结构发生变化，教师需要学习和吸收新的教学方法，并且采取不同的方式与学生沟通和联系。说实话，做出改变很难，也很有压力。而我们总是有意无意地将这些压力传递给学生。改变也可能造成学校不同群体之间的摩擦，形成一个更有压力的环境。所以，尽管越来越多样化是一个非常积极的因素，但这也增加了许多学生在学校感受到的不确定性和焦虑。

学校不再安全

随着学校射击演习的定期举行，以及保安人员、检查点和武装教师的增加，学生有充分的理由在学校感到焦虑。这反过来又影响了他们在教育环境中学习和成长的能力。我们在试图解决这些日益严重的安全问题时，必须记住这些威胁是如何影响学生的身心健康的。

专家视点

如果孩子们在学校没有安全感，那么，他们一整天都不会有任何收获。

——布拉德·布里德洛夫（Brad Breedlove）博士
北卡罗来纳州门罗市联合县公立学校首席学术官

自 1999 年哥伦拜恩高中（Columbine High School）发生校园枪击事件后，校园枪击暴力已成为无奈的现实。自 1970 年以来，美国至少发生了 111 起校园枪击案。在过去的 50 年间，已经有 202 人在校园枪击案中丧生，454 人受伤。近年来，枪支暴力事件激增，发生了玛乔丽·斯通曼·道格拉斯（Marjorie Stoneman Douglas）高中、桑迪·胡克（Sandy Hook）小学和圣达菲（Santa Fe）高中枪击案等悲剧事件。这些事件引起了社会震动，促使学生发起"生命大游行"运动，挑战枪支法的权威。然而，频繁的枪击事件不是发生在学校内外的唯一暴力类型。针对特定目标人群的袭击、团伙暴力和自杀等问题同样有待解决。一个学生可能只是把武器带到学校，向自己的朋友炫耀。但是，如果在举办体育赛事，又会发生什么情况呢？不幸的是，暴力威胁甚至存在于正常的上课时间之外。自 2013 年以来，学校体育赛事中至少发生了 108 次枪击事件。除此之外，我们还不得不担心暴力会煽动更多暴力，因为年轻的袭击者往往受到之前校园枪击案的影响。这些数字确实令人惶恐。无论我们讨论的是枪击、暴乱还是霸凌，所有教育工作者都需要认识到，正如联合县公立学校的管理者所言，"校园安全是第一要务"。

持续存在的危机

作为教育专业人士，我们需要解决造成这场危机的问题，帮助孩子们发展技能，让他们能够掌控和应对未来。无论是从个人还是职业的角度看，几乎所有人都在努力帮助孩子们应对生活中的压力和焦虑。说实话，心理和行为疾病诊断率的上升可能存在这样一种原因，即谈论这些问题已经更能被社会接受，我们开始适当地将心理健康问题作为行为健康连续体中发展阶段和医学干预阶段的问题来处理。

我在自己的家庭中也经历过这种情况。我有一个儿子，患有重度焦虑，这影响了他在工作和人际关系中保持专注的能力，而他的孩子现在也表现出类似的特征。实际上，我的13个孙子孙女中，有5个表现出某种形式的行为问题：我的一个孙女患有注意缺陷障碍（ADHD），症状较轻；我的两个孙子情况更严重点，他们患有严重的焦虑症；而问题最严重的是我另外两个孙子，他们的母亲对可卡因成瘾，这两个孩子在被我儿子收养之前，曾在多个寄养家庭受到虐待。这两个男孩有严重的行为问题，需要频繁地接受心理治疗。

很多人每天都面临着这样的问题，无论是普通人还是专业人士。正如有发展性和预防性措施来维持健康的生理生活（饮食、运动、睡眠、避免压力等），也会有这样的措施来促进心理和行为健康。

在学校，我们必须优先考虑这些措施，并将其融入我们的文化。这意味着学校董事会和管理者必须用更有限的财务资金来聘用社会工作者、辅导员、心理学家和其他工作人员来协助老师和学校的管理人员。然而，在许多地区，这笔支出需要付出一定的代价来弥补，那就是学校转而缩减了教师人数、扩大了班级规模。对于任何一个在发生变化前任教过的教师而言，面对现在这种转变带来的影响，其不易之处不言而喻。在第3章，我将探讨解决这些问题更好的办法，但目前显而易见的一点是，我们今天教育的学生甚至和10年前的学生都不一样。那么，为什么我们还在沿用20世纪的学校结构、课堂实践和教学方法？如果现在的学生感受、经历和学习方法和以前的学生都不同了，为什么我们还在做着一成不变的事情？当我们放眼孩子们即将面对的世界时，这些问题就显得更加重要了——这个世界的自动化和数据化程度将越来越高，竞争也更加激烈和充满不确定性。这个新世界是下一章的主题。

未来应该汲取的经验和教训

- 当代学生正在遭受迄今为止最严重的心理健康疾病。约400万个3~17岁的孩子被诊断出患有焦虑症，近200万个孩子患有抑郁症，超过三分之一的孩子出现行为问题。
- 新技术使学生更焦虑、更脆弱和更孤独。他们严重依赖技术，没有太多有意义的人际关系，所期望的往往是得到即时满足；他们会接触到网上的色情内容，并且面临网络骚扰。他们缺乏处理互联网上留下的数字足迹和印记、成为有礼貌的数字公民和建设性地吸收反馈等技能。

- 学生家庭生活的变化影响了他们的心理和行为应对技能。被父母过度保护的孩子害怕失败，依赖大人帮他们解决问题。其他诸如父母缺席陪伴、无家可归和心理创伤等家庭因素会对他们产生持久影响，影响他们的学习，并且伴随其一生。
- 学校给予学生的压力越来越大。由于现有教育体制太关注考试分数等目标，我们强化了这样一种观念：学生的价值取决于外部检验结果。从积极的角度看，讨论心理健康问题已经更容易被大众接受，这在一定程度上解释了为什么学校出现了越来越多的存在心理健康问题的学生。
- 学生在学校常常没有安全感。因为，他们正面对着新的现实：校园枪击、自杀及其他发生在学校的暴力事件。他们要么目睹，要么有所耳闻。如果学生没有安全感，他们就不会来上课，更别提在课堂上表现出色了。

反思工具

日　期：_____

小组会议前：

本章中哪些想法引起了您的共鸣？您有任何疑问吗？

_____

_____

_____

_____

回顾本章中"未来应该汲取的经验和教训"部分。您希望作者还谈及其他哪些主题?

_____
_____
_____
_____
_____

小组会议期间:

小组会议期间,小组成员提出了哪些重要的想法?

_____
_____
_____
_____
_____

您从会议讨论中吸取了哪三个方面的关键信息?

1. _____
2. _____
3. _____

小组会议后:

请您对会议中讨论的内容进行反思。它是否改变了您的观点？如果是的话，又是如何改变的？

_____
_____
_____
_____

为了有助于实现教育的发展演变，您下一步拟采取的举措是什么？

_____
_____
_____
_____

补充说明

第 2 章 学生将要迈入的未来世界

预期研习成果：

- 认识将塑造未来的技术发展、不断变化的人口结构及不断变化的职场要求。
- 了解这些变化对学生和教育意味着什么。
- 明确我们如何才能让我们的学生为未来世界做好准备。

研习主题：

- 关于技术会对工作产生怎样的影响，请就两大思想流派的观点开展讨论。有哪些引发我们关切的问题？我们应该如何解决这些问题？
- 界定"被动"（passive）增强、"生成"（generative）增强和"直觉"（intuitive）增强三个概念。这些阶段中的每一种分别是什么样的？
- 选择本章中提到的其中一种人口变化趋势加以讨论。由于这种趋势，学生将面临哪些新的挑战？

- 学生需要具备哪些技能才能在 2030 年的就业市场取得成功？您现在是否在课堂上教授这些技能中的任何一项？
- "让学生为就业做足准备，与让学生为其职业发展做足准备是不同的。"请结合您所在的学校当前采取的教学方式对这句话开展讨论。

行动步骤：

- 您的学校如何适应瞬息万变的世界提出的新要求，请就此进行一次非正式的"审视"。您的学校是更专注于测试、规范和要求，还是更专注于确保学生为未来做好准备？您是否注意到采取后面这种方法，会对学生的课堂行为或课堂表现带来任何变化？请与小组成员分享您的观察所得。
- 请选择一项在未来获得成功需要具备的技能，并于下周在课堂上传授。在下一次小组研习会议上讨论它的实施情况。

想象一下，在不碰键盘或一言不发的情况下就能在谷歌上搜索阿姆斯特丹市和纽约市的人口，或者第一场美国职业篮球比赛（NBA）的日期。再想象一下，用意念就能回复邮件和订购比萨。您可以成为任何学科领域的专家，大脑容纳了整个互联网。这听起来像科幻小说。

但这已经成为可能。

当你自言自语时，大脑会将电信号传输到你的声带。麻省理工学院（MIT）媒体实验室（Media Lab）的研究生阿纳夫·卡普尔（Arnav Kapur）发明了一种耳机，这种耳机可以接收电信号，将电信号传送到计算机，再通过振动传输到人的内耳。在一档名为《60分钟》（*60 Minutes*）㊀的节目中，卡普尔通过在脑子里想了一下，就得出了"45689除以67等于多少"和"保加利亚最大的城市是哪个"等问题的答案（"681.925"和"拥有超过110万人的索菲亚"）。不过，卡普尔真正让节目组叹服的是，在没有发出任何声音或做出任何手势的情况下就点来了一堆比萨——他仅仅是在脑子里想了一下。

再见了苹果手机。你好，可佩戴式读心计算机。

人工智能、自动化和机器人技术领域最近也取得了许多其他进步。现在有一种谷歌程序可以诊断50多种眼科疾病，出错率比临床专家还低。同样，人工智能和新的成像技术可以像病理学家一样准确诊断肿瘤，而且速度更快。一家中国的保险公司一直在使用算法读取贷款申请人的面部表情，以判断其是否诚实。目前，计算机不仅在玩复杂的游戏（如围棋、国际象棋和无限注德州扑克）时胜过人类，而且谷歌的"深度思

㊀ 《60分钟》或称为《60分钟时事》，为美国的一个新闻节目，由哥伦比亚广播公司（CBS）制作并播出。自1968年开始，该节目已播出50多年。该节目制作精良，口碑上佳，是美国知名的电视节目，也多次获得奖项。——译者注

维"㊀（DeepMind）开发的程序现在也能在多人电子游戏中击败人类。这意味着它知道如何制定游戏战略，以及如何与团队中的其他玩家配合。如果这还不算什么，那么计算机还能创作交响乐。最近的一项研究表明，俄勒冈大学（University of Oregon）的听众分辨不出巴赫（Bach）的作品和计算机程序编写的作品。

没错，机器越来越聪明能干了。20世纪，机器人开始出现在工厂里，除了流水线工人，几乎没有人担心这种变化趋势。但是当机器人和人工智能开始从事白领工作时，就引起了更多人的关注。关于这项技术将对就业机会产生何种影响，存在两种观点。关于其中一种观点，我将在下文探讨：这些技术会摧毁就业市场，导致大面积的失业。

美国财政部前部长、世界银行（World Bank）首席经济师劳伦斯·萨默斯（Lawrence Summers）写道："我预计，到21世纪中叶，25~54岁的男性中，有超过三分之一的人将失业。很有可能超过一半的男性在每5年中至少有1年处于无业状

㊀ DeepMind，谷歌旗下人工智能子公司，位于英国伦敦，是由人工智能程序师兼神经科学家戴密斯·哈萨比斯（Demis Hassabis）等人联合创立的，是前沿的人工智能企业。该公司将机器学习和系统神经科学的最先进技术结合起来，建立强大的通用学习算法。——译者注

态。"此外，新冠肺炎疫情对就业造成了毁灭性的影响。来自芝加哥大学（The University of Chicago）的经济学家们开展的一项研究显示，美国因新冠肺炎疫情导致的短期失业人口中（超3800万人）将有42%成为永久性失业者。这意味着，由于自动化的加速和习惯的改变，1600万个岗位可能在两个月内永远消失。该项研究的发起人之一尼古拉斯·布鲁姆（Nicholas Bloom）评论道："我认为，我们还有很长很艰难的一段路要走。"事实的确如此。

这是日益变化的就业市场未来的严峻处境。说句公道话，这也有一定的道理。在未来几年，数百万认为自己职业不会受自动化影响的专业人士会发现，他们的工作可以由机器、机器人或算法完成。即使是现在，我们也很难找到哪种职业不存在被人工智能取代的风险。记者吗？计算机已经可以撰写头条新闻和体育新闻了。建筑师吗？建筑信息模型（BIM）、虚拟设计与施工（VDC）程序已经在设计建筑物了。律师吗？现在已经有很多网站在使用自动化程序帮助人类写遗嘱、申请离婚或注册商标。那么，医疗行业——在美国甚至全世界受人尊敬、令人向往的职业领域之一——的处境会如何？美国国际商业机器公司（IBM）的超级计算机沃森（Watson）早已开始读取放射扫描结果——"入侵"手术室，辅助癌症治疗——在大多数情况下，其工作表现明显超越人类。基本上，如果一项工作可以通过编写算法来完成，那么这项工作就会被取代。

但是，先不要太悲观。有一个同样站得住脚的论点可以反驳上述观点：失去一份工作绝不等同于完全失业。通过对劳动力市场多年的研究，我相信人类会有一个光明的未来。那将是一个完全不同的未来，需要不同的技能，这些技能是机器、软件和其他技术无法效仿的。而这些新岗位的受益者将是那些能够利用技术增强自身技能的人，他们通过技术提高生产力、绩效和创造力。这种转型无异于早期从农业社会向工业社会，然后再向知识型社会的转型。

尽管许多人预计，未来几十年会出现大面积的失业和大范围的混乱，但如果我们对未来会是什么样子、应该怎样去培养学生了然于胸，那这些问题就不必成为现实。我们必须掌握技术发展、人口结构变化和不断变化的工作要求。一旦认识到这些趋势，我们就可以开始界定其对学生和教育而言意味着什么。

现在与未来的就业前景

20世纪，许多工人在找到自己的第一份"真正的"工作后，往往会在同一个雇主那里干到退休。而如今却不一样了，技术击垮了许多主导20世纪经济的行业和大公司。所以，一些行业几乎彻底消失了，另外，很多工作机会也被转移到了海外。计算机和机器人已经取代了很大比例的员工。

由于迅速变化的经济实力给预算带来巨大的压力，劳动者的工资已经减少，养老金、退休人员医疗保险等传统的企业福利已经缩水甚至完全取消了。更严重的是，现在许多公司避免雇佣全职员工以逃避提供福利。买不起医疗保险吗？公司削减员工工时，或者只是将其签约为"独立合同工"。

然而，大量将自动化和人工智能视为机遇而非挑战的新公司涌现。这些年轻的、创业型组织以创新的、更具成本效益的福利吸引员工，比如灵活的工作周、远程办公的机会或员工健康计划等。员工用对公司的忠诚换取在快节奏环境下工作的机会。在这种环境下，领导权下放、创新与代理受到重视，跨领域合作是常态。

这些公司有意保持灵活，因为它们定期迭代和调整，以适应不断变化的技术和经济环境。在这种环境下，职业道路不够明朗，而随着商业模式的演变和公司需求的变化，员工频繁入职和离职，形成一种循环。这听起来像是"创业知识入门"（Start-up 101）——快速行动、保持精简、颠覆。但现在，许多在传统经济行业经营的大公司已经采用这种灵活的商业模式。

正在消失的工作岗位

亚马逊（Amazon）经营许多业务，是一家技术公司、云服务供应商、娱乐公司，还是大型零售商。亚马逊可供销售的产品比其他任何公司都多,而且消费者不必亲自去店内取货,而是由亚马逊员工快速配送至消费者手中。一车车的货运进来,又有一车车的货运出去。可想而知,亚马逊的仓库有多复杂,产品在仓库中存储、搬运、打包和贴标。整个过程下来,几乎没有用到仓库工人,所有步骤都由机器人完成。仓库里,仅有少数管理和维修机器人的员工。

目前,美国各大超市都在引进类似技术。"波萨诺瓦"机器人(Bossa Nova Robotics)公司生产的机器人,可以扫描超市货架,帮助零售商清点库存。这些机器人可以在商店里自主移动,拍摄高分辨率的货架照片。然后,应用非常复杂的人工智能引擎从货架上提取数据,包括产品数据、标签数据和产品配置。机器人即时处理和分析这些数据,并且将其提供给商店管理者。

沃尔玛(Walmart)是美国最大的用人单位,拥有150万名员工,正在75家门店试用这些机器人。其总体规划是,未来三年内在所有门店投放和使用机器人。这意味着沃尔玛可能会在这段时间内裁掉相当一部分员工。

这种转变并不仅仅发生在零售业。无人驾驶汽车、无人驾驶货车和无人机的应用,最终会淘汰掉一批汽车司机、出租车司机、货车司机和飞行员。这代表着美国数百万个工作岗位,其中一些还是高薪岗位。同样,建筑业也在经历这些转变,机器人"泥瓦匠"的砌砖速度是一队砌砖工人的10倍。农业是人类最古老、最根深蒂固的业务领域,而机器人现在可以分析植物的大小和健康状况,还可以收割西红柿、草莓和葡萄等作物。以下列举了将受到人工智能驱动的自动化影响的行业中的一小部分:

- 农业
- 建筑业
- 金融业
- 餐饮服务业
- 执法机关
- 制造业
- 医疗行业
- 零售业
- 运输及配送业

在以上所有这些行业中,计算机和机器人呈现出压倒性的优势。它们不需要报酬、不需要健康保险、不会生病,也不用休假,还能在工作时始终保持高效率和高精确度。不可避免的是,随着自动化技术越来越具有成本效益,并逐渐成为主流,企业将选择使用自动化来节约成本和保证质量。尽管这些变化看起来令人担忧,但这也是一种早期迹象,提醒人类应如何在未来的职场中与机器人共存。毫无疑问,这将是一种有益结合，为那些有能力利用技术来增强自身能力的人提供新的机会。

"增强智能"时代

不用我说，技术已经从根本上改变了我们的工作和生活方式。我们中的大多数人都记得父母是如何通过旅行社预订旅行的，也记得他们是怎么把支票存入银行、把存款单交给出纳员的，我们也不会忘记他们翻阅电话簿并找到对应的企业，然后用有线电话给企业打电话的样子。"无赖经济学"（Rogue Economics）⊖的技术主管兼编辑杰夫·布朗（Jeff Brown）说："很多人都听说过'摩尔定律'。每过18个月，计算机的处理能力就会翻倍，而每一次，我们都能在技术上取得非凡的进步。"这种情况从20世纪60年代末就开始了。布朗接着说："在指数级增长的前期阶段——比如，最开始增长20倍——变化一点也不明显。但是增长到26倍时，就到达了曲线的拐点。在此之后，这种增长就呈直线上升的趋势。"

也许出人意料的是，我们现在已经处于曲线的拐点。

大多数人都知道，人工智能是一种能够执行视觉感知、改写算法、语音识别、决策和语言转换等任务的计算机系统，也

⊖ "无赖经济学"是一个网站，向人们展示商业和金融世界是如何运作的。——译者注

是现代自动化技术背后的驱动力。人工智能已经涉及人类生活的方方面面。苹果公司的智能语音助手（Siri）和亚马逊公司开发的智能音箱（Alexa）成为许多人必备的虚拟智能助手。似乎每一天，我们都在悄悄接近人工智能的"圣杯"：开发出近乎人类智能的软件。谷歌、脸书、亚马逊、苹果、微软（Microsoft）及其他公司正斥资数十亿美元，尝试开发出具有类似人类智能和常识的机器。随着工业革命的发展，机器提高了体力劳动者的生产力，并且为其提供了体力支持。而在信息时代，机器取代了体力劳动者。早期，人工智能帮助知识型劳动者提高效率，这类劳动者的薪资历来都比较高。而现在，在这个智能增强时代，人工智能威胁着并将取代知识型劳动者——从计算机程序员到医生再到金融分析师，无一幸免。

但这不只是一个简单的技术取代人类的案例。人类在许多方面仍是无可替代的。至少在未来几十年里，自动化和人工智能将更有可能帮助我们增强自身能力。我们已经通过智能手机体验过这种智能增强。我们只需要动动手指，智能手机就能为我们提供大量知识和资源，帮助我们释放大脑空间。有了智能手机，我们就不需要记住生日、电话号码或《指环王》的主演，因为我们可以随时随地在手机上查阅这些细节。

> **专家视点**
>
> 有些技能是人类独有的，机器无法取代人类互动或人际交往活动。因此，我们需要确保学校正在创造学习机会以支持互动、协作和构建美好事物。
>
> ——凯伦·卡托（Karen Cator）
> 美国数字承诺（Digital Promise）教育技术中心总裁兼首席执行官

这就是计算机科学家所说的"被动"增强阶段，即智能增强的第一个阶段。接下来的两个阶段是"生成"增强阶段和"直觉"增强阶段。正如我所提到的，机器和人工智能现在都处于"被动"增强阶段。我们通过谷歌和智能语音助手可以看到，"被动"增强阶段以所谓的识别智能为特征，这些是识别模式的算法。当机器能够根据数据进行推理或演绎时，就会进入"生成"增强阶段。在"生成"增强阶段，计算机接受人类的指令或建议，然后设计出一个解决方案，同时会考虑到人类的目标和限制条件。例如，一家工程公司负责设计一座桥梁。在今天，一个团队即使有技术支持，仍需要几个月的时间，才能根据输入的参数，如跨度、材料、负载能力、交通量和气候，完成计算、编码和说明。据估计，到 2030 年，工程师将在短短几分钟内就完成整个设计，并且可以提供同样周全的选择。

"直觉"增强阶段将在更遥远的未来实现,届时,机器能够远比现在更精细地进行推理。机器将开始为人类做决定,开始推动实现那些类似于在科幻电影中被讨伐的智慧天网系统(Skynet,或称为"人工智能防御系统")。

从更乐观的角度看,智能增强将作为人类和机器人合作思考、工作和学习的功能。毫无疑问,现在的技能将与未来的技能大不相同。但如果人类继续做自己擅长的事情(意识、感知和决策),而机器人也继续做它们擅长的事情(精确地执行重复性任务),那么人类和机器人也就能继续共存,甚至欣欣向荣。

许多这方面的变化已经被广泛报道。多年来,人类一直在敲响人工智能的警钟,无论是在埃里克·布林约尔松(Erik Brynjolfsson)和安德鲁·迈卡菲(Andrew McAfee)的《与机器赛跑》(*Race Against the Machine*)及尼克·波斯特洛姆(Nick Bostrom)的《超级智能》(*Superintelligence*)等书中,还是在《纽约时报》(*New York Times*)、《大西洋月刊》(*The Atlantic*)、《经济学人》(*The Economist*)等报刊文章中。而鲜为人知的是,未来十年将出现的人口结构变化,可能会像技术一样,发生剧烈变化。

人口结构变化

美国和许多其他发达国家正面临三个主要的人口结构变化趋势，这三大趋势将改变我们的世界，并且在未来影响学生：中产阶级萎缩、人口老龄化和劳动力萎缩，以及年轻人无法达到传统意义上成年人的标准。这会导致严重的社会惰化或停滞。我们先谈谈即将发生的阶层变化。

中产阶级萎缩

直到 1970 年前后，所有劳动者的收入中位数才开始健康且持续地增长。1950—1970 年，由于新技术的发展和新的海外市场涌现，新兴浪潮几乎带动了各个领域。然后又发生了一些事情。从 20 世纪末开始，由于自动化、业务外包和全球竞争等因素，大部分劳动力被排除在经济扩张之外。自 2000 年以来，美国中产阶级呈现萎缩的趋势，并且该趋势预计在 2030 年进一步恶化。

随着时代的发展，入门级别的工作也越来越多。如果自动化取代人类诸多低薪工作岗位，这又怎么可能？原因在于，同样的技术驱动型经济在上层阶级创造了更多的工作机会。上层阶级群体需要有人为他们打扫房间，他们需要保姆和其他人来帮助照顾他们的孩子，需要人帮忙修剪草坪、配送生活用品和做饭。这些上层阶级的人创造了一个巨大的服务行业。当然，问题在于，这一服务行业的收入不足以让个人或一个家庭实现经济独立。遗憾的是，这意味着美国正在向贫富两极分化更严重的状态迈进。这种转变反过来又给教育带来了严重的问题。公立教育的目的一直是培养学生成为中产阶级，但现在中产阶级正在消失。而使问题更复杂的情况是，随着中产阶级消失，人口也在逐渐老龄化。

人口老龄化和劳动力萎缩

"支持比"（support ratio）㊀是一个经济术语，指的是政府资助公民的方式。政府资助公民的方式有两种：直接政府福利和间接政府福利。所有人都在享受间接政府福利。例如，我们行驶在政府修建的马路和高速公路上，享受着用税收建设的公园和会议场所，以及我们从联邦政府资助的军队中获得安全感。

直接政府福利是指政府为公民个人所做的事情——要么给钱，要么为公民支付一些费用。美国 18 岁以下的人口有 7420

㊀ support ratio 的常见译名包括"支持比率""支持比"和"赡养比"等，是指年青人口与老年人口的比例，表示平均有几位劳动年龄人口来负担一位退休人员。——译者注

万，其中23%的人得到的直接政府福利比自己花出去的钱都多。为此，我心存感激。这些都是"我们"的孩子，他们需要得到帮助才能生存和健康成长。这些孩子怎样才能获得直接政府福利呢？对于该年龄段的大多数孩子来说，他们是通过接受学校教育而获得的，由地方、各州和联邦税收资助教育支出。这是一种很好的福利，这种福利让美国成为世界上非常具有创新力和经济优势的国家。但是，7420万是一个庞大的人口数量。

另外还有一群人通常享受比自己花出去的钱更多的直接政府福利，他们是65岁及以上的人群。大多数这个年龄段的美国人都已经退休，正在领取社会保障金、医疗保险和医疗补助。我当然不是说他们不应该享有这些福利——他们在整个职业生涯中都在为这些项目缴纳费用。但这也只是另外的4500万人口。在这两个年龄段的群体之间，还有将近1.2亿人也在享受政府直接福利。

而这就是问题所在。

在这些政府直接福利项目创建时，年轻人明显多于老年人，尤其是正处于劳动年龄的人。因此，这些项目的规划是，有一个庞大的群体能为社会做出有益贡献、缴纳税金，以资助退休人口和弱势群体的社会福利项目。图2-1和图2-2分别表示的是1960年和2020年的美国人口动态。

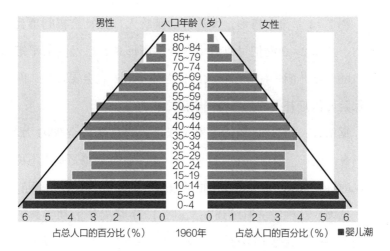

图 2-1　1960 年的美国人口动态

数据来源：Daggett, W. (2016). *Making schools work: A vision for college and career ready learning* (pp 21-22). Rexford, NY: International Center for Leadership in Education.

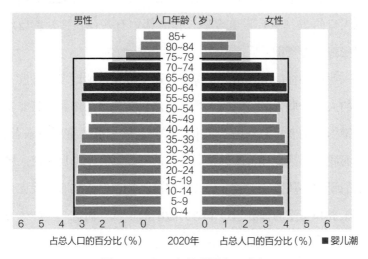

图 2-2　2020 年的美国人口动态

图 2-1 呈金字塔形，大量劳动年龄人口为社会福利项目出力。从图 2-2 我们可以看出，金字塔形现在已经变成了矩形，随着婴儿潮一代渐渐长大达到退休年龄，社会保障金、医疗保险和医疗补助的普及范围也随之扩大。

据估计，到 2030 年，65 岁及以上人口将跃升至 8000 万。他们寿命更长，平均可以活到 80 岁。由于这群人将是一支不可思议的游说力量，他们可能会推动政府维持或增加他们的福利。

然而，这种经济紧缩还在加剧，1.27 亿处于劳动年龄的美国人——也就是 18~65 岁年龄段中 39.7% 的人——没有工作。他们不用缴纳个人所得税，其中有些还通过医疗补助、残疾人社会保障或大学财政资助项目获得政府补助。这可是 1.27 亿人啊！换句话说，共有 2.46 亿美国人（占美国劳动力总人口的 76.8%）没有全职工作，其中有些还在接受或曾经接受过政府资助。

我还要提一下最后一个群体，这个群体包括许多正在读本书的人：公职人员。公职人员，当然包括教育工作者，是非常关键的劳动者，是美国、国家经济和整体福祉的重要贡献者。然而我们必须记住，所有公职人员的工资都完全来自纳税人缴纳的税款。从数字上看，公共部门员工获得的由政府直接支付的工资和享受的福利超过了他们缴纳的税款。而这一类群体有 2240 万人，占美国总人口的 7%。

如果目前这种经济趋势持续到未来，那么从所有这些分析中可以看出，未来91%的美国人口将没有全职工作，并且有可能接受从医疗保险到免费公共教育之类的政府援助。也就是说，剩下的9%的人要为这91%的人"买单"。

需要澄清的是，这91%的人并不是在骗取政府福利。孩子们没有投机利用这个制度，他们不得不上学。65岁以上的退休员工也没有投机利用这个制度，他们领取的是应得的社会保障金、医疗保险和医疗补助。公职人员也没有投机利用这个制度，他们辛勤工作，为其他公民带来很多间接利益。

这些人不是问题所在。问题是，这种支持比是不可持续的。

日益加剧的社会惰性

在一项广泛研究中，瑞士联合银行（UBS）发现，"千禧一代"明显比前几代人更擅长规避风险。据统计，他们需要花更长的时间来成家立业。同样，据皮尤研究中心分析，现在年轻的一代不太可能拥有与成年人有关的常见的三样东西——配偶、家庭或子女。

但是，即使没有这些传统的"生活之锚"拴牢他们，20多岁的年轻人也比过去几代人更少搬家。2016年，只有20%的"千禧一代"成年人称自己一年前住在不同的地方。前几代人的年迁徙率更高，通常在30%左右。

此外，正如我在前文提到的，如今的年轻人也更愿意回父母家待上很长一段时间。根据皮尤研究中心对人口普查数据的分析，15% 的 25～35 岁的成年人住在父母家。这比同一年龄段住在家里的"X 一代"⊖人数增加了 50%，几乎是同一年龄段住在家里的"沉默的一代"⊜人数的 2 倍。

有人可能会说这是"千禧一代"的问题。但现实是，这种趋势不太可能平缓下来，特别是在学生债务重、住房成本高和入门级别工作岗位不断减少的压力下。而 2020 年新冠肺炎疫情暴发后，回父母家的年轻人口数量空前之大。他们逃离城市，有些人还带着伴侣或宠物一起离开，回到自己在郊区或农村的家中。正如许多父母和教育工作者所了解的那样，20 多岁还住在父母家里的观念，现在已经变得非常正常，以至于这一代人有了自己的代称——"回巢族"（boomerang generation），以及自己的综合征——"无法展翅高飞"。

⊖ 在美国，X 一代（Generation Xers）是指出生于 20 世纪 60 年代中期至 70 年代末的一代人。——译者注

⊜ 在美国，"沉默的一代"（Silent Generation）是指出生在 20 世纪 20 年代中期至 40 年代初期的一代人。由于经济大萧条和第二次世界大战造成的低生育率，这一代人口锐减。"沉默的一代"一词在 1951 年《时代周刊》上首次出现，指这一代人在麦卡锡时期的沉默及其融入社会秩序的意愿。——译者注

未来成功所需的技能

在未来,更多的新职业将由创业型公司而非大公司创造出来。正如我们所知,这些工作要求人们具备特定的态度、心态和行为,以适应结构化程度低的环境和不太明显的职业道路。

具体而言,美国劳工统计局(Bureau of Labor Statistics)就增长最快的行业发布的报告显示,81%的就业岗位增长将发生在服务业,医疗保健和社会援助将占新增职业的三分之一以上。要在这些职业中获得成功,往往在很大程度上依赖于强大的人际关系和非认知技能,而在技术含量更高的医疗保健行业,获得成功还需要数据分析技能。除了医疗保健和社会援助两类职业,其他显著增长的职业包括统计员、运营研究分析师、个人财务顾问、制图师、摄影测绘制图员、口译笔译人员、法医学技术人员和网站开发人员。所有这些职业都要求人们对数据具有敏感性和熟悉度,以及强大的分析能力。从事这些职业的人,还需要知道如何利用自己收集、监测、调查或评估的数据采取行动或提出建议。

为确定有助于完成这些工作的技能,麦肯锡(McKinsey)集团对从现在到2030年工作要求的变化开展了一项研究。为了搜集数据,他们分别调查了100家小型公司、100家中型公司和100家大型公司。图2-3呈现了该项研究结果。

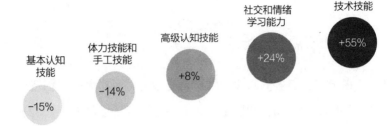

图 2-3　到 2030 年，所需技能的百分比变化

数据来源：Adapted from Bughin et al., "Skill Shift: Automation and the Future of the Workforce," McKinsey Global Institute, May 23, 2018.

麦肯锡集团的研究结果表明，到 2030 年，职场对基本认知技能的需求将下降 15%。下降的原因是，人们可以用谷歌搜索自己需要知道的所有事实和规则。麦肯锡集团还发现，未来职场对体力技能和手工技能的需求将下降 14%。在过去 10 年中，我们在学校里几乎付出了所有的时间和资源来培养学生的这两类技能。现在，我想明确一点，没有人说基本认知技能不重要。相反，基本认知技能很重要。如果不具备基本认知技能，就不可能达到图 2-3 中右边的数字。这种错误观念一直在告诉学生，他们要做的只是通过下一次考试，顺利升入下一个年级。但这种观念现在已经不合时宜了。

那么，根据麦肯锡集团的研究，学生需要具备哪些技能才能在未来获得成功呢？高级认知技能、社交和情绪学习能力及技术技能。社交和情绪学习（SEL）能力比以往任何时候都更重要。如果你不是该方面的专家，也不要担心。我们将在下一章深入探讨这个问题。需要澄清的是，技术技能并不是指使用微软办公软件或操作计算机的能力，而是需要对如何利用技术进行创新、解决问题、寻找资源或增强其他自身的技能有更深层次的理解。想想大数据和数据分析。数据分析不是数学、语言艺术或科学，它是多学科的综合，使我们能够将数据转化为可操作的信息。因此，数据分析——以及更广泛意义上的技术技能——与学习如何提出问题、如何进行调查、如何使用模型和如何确定方法有关。

> **专家视点**
>
> 我们希望孩子们在毕业时能够具备团队合作的技能，并且拥有就业市场在100年后仍然需要的学业之外的软技能。但我也不想忽视一个事实，那就是我们也希望毕业生能够成为改善社区的伟大人物。
>
> ——安德鲁·G. 霍利汉博士
> 北卡罗来纳州门罗市联合县公立学校教育学监

我想，对于许多人而言，这些技能听起来仍然过于笼统。让我们把这些笼统的技能细分为更明确具体的技能。根据不同的专家、各种不同的研究和国际教育领导力中心的观点，以下技能是我们当下在课堂上需要学习的具体技能：

- 未来，学生需要快速有效地**分析大量数据**。为了让他们能够做到这一点，学校必须教会学生如何进行数据分析，即简单地利用分析和逻辑推理来评估数据，从而得出结论。

- 学生越来越需要**通过图表进行交流**。我们要教他们如何理解和制作图表，尤其是如何在工作中用到这些工具。这对于将数据转化为易于理解的信息、概念或描述尤为重要。

- 学生需要**了解基本的统计知识**。就目前情况而言，学生通常到了大学才开始学习统计学。但看看目前的就业趋势我们就知道，大学才开始教统计学已经不能满足需求了。我们应该好好思考如何将统计学融合到美国基础教育（K-12）阶段的数学课程中，使其成为高中数学的一个新的核心科目。再思考统计学还可以与什么学科相结合——例如，社会学、生物学和历史（仅举几个例子）——以跨学科的方法将统计学与其他学科相结合，增强统计学与学生现实生活的相关性，并且提高学生的学习兴趣。

- 由于我们生活在一个技术丰富的环境中，所以**技术阅读与技术写作技能**对于所有学生而言都将是至关重要的。不要错误地将技术阅读与基本的读写混为一谈。理解技术手册需要一种不同于欣赏文学作品的理解形式。

- 语音识别软件也将在不久的将来得到极大的改进。苹果公司的Siri智能语音助手、微软公司的Cortana[一]等虚拟助手的语音识别功能将变得非常精确。这意味着学生必须**学会如何清晰地用技术术语说话**——也就是使用专业术语。但这种技能目前根本没人教。如果学生上过很多工程课程，可能会间接地学到这种技能，但并不是每个学生都能学到。本章开头介绍的读心计算机也是如此，当这些类型的设备被广泛使用时，学生在思考时所要达到的精确程度将与他们说话时达到的精确程度一样重要。

- 为了在未来获得高薪工作，劳动者必须比机器更高效、更熟练。他们将需要**熟练灵活地使用各种技术知识**。
- 由于机器在特定的任务和计算方面胜过人类，学生必须培养**独立思考和解决问题的技能**——这类技能将帮助人类解决新问题，包括了解在哪里搜集信息与合成信息、制作原型的能力，以及将失败视为通向成功的渐进式学习经验。
- 由于现在的信息资源很丰富，**管理个人认知负荷的能力**已成为成功的关键。哪些信息是真实的？哪些信息是虚假的或具有误导性？哪些信息是"预示"，哪些又是"噪声"？哪些信息需要自己记住，哪些信息可以留给手机、计算机和其他增

[一] Cortana，或者称作"微软小娜"，是微软公司 Windows Phone 平台下的虚拟语音助手，其名源自游戏《光晕》中的同名女主角。——译者注

强设备？哪些电子邮件或其他电子信息是重要的？学生需要回答这些问题，才能在未来的职场脱颖而出。

- 因为我们仍需要与其他人一起工作，基于**社交和情绪学习能力**的非认知技能将为雇主带来巨大价值。协作技能——情绪管理、人员管理（领导力）、信任建立、表现出同理心和文化意识——将有助于员工更好地进行现场办公（团队成员在同一地点办公）和远程办公。随着远程办公的现象越来越普遍，团队成员需要跨时区进行深度联系。因此，这些技能将变得更有价值。

- 毫无疑问，人工智能、算法和自动化正在侵占那些规则导向型技能的工作。然而，这些技术是有弱点的，它们缺乏**创造性思维**、无法**理解歧义**，也不能**判断人类的欲望**。我们仍需要富有创造力的人来设计带来快乐的建筑物、产品或体验，也需要以人文主义的理解来提供有效的治疗或应对意外事件。通过这些方式，人类才能提供技术迫切需要的增强功能。

总之，要获得成功和实现自给自足，人们将越来越需要创造力、评估能力和分析能力，还需要知道如何将解决方案应用于无法预测的现实情况中——将其作为团队协作的一部分。现在这批学生将成为21世纪30年代最年轻的劳动者，他们将在技术无法成功的领域取得成功，比如判断数据的质量和解释算法的输出。这就要求未来的学生首先做到足智多谋。塞缪尔·休斯顿（Samuel Houston）是一位经验丰富的教育工作者和教育管理者，他套用卓有成就的格兰特·威金斯（Grant Wiggins）的话告诉我："今天的学生在自己不确定要做什么的时候，必须知道该怎么办。"换句话说，学生需要具备一种能力，在面对非同寻常的问题和挑战时，想出解决方案。

这一切对教育而言意味着什么？意味着我们需要改变总体方针，开始重新思考我们的主要目标，培养学生面向他们的未来。

就业准备与升学准备

在20世纪，在互联网技术颠覆我们所知的一切之前，让学生为升学做准备和让他们为就业做准备之间几乎没有什么区别。进入大学并取得优异成绩所需的技能，与在职业生涯中有所作为所需的技能几乎没什么区别。换言之，20世纪的经济是建立在专业知识和专长领域之上的，这些知识和专长可以应用于可预测的情况中。职业生涯往往局限在一个领域、一个行业、一个部门之内。因此，在大学预科教学模式下，学生集中学习并应用一门学科知识，充分为其将来的职业生涯做好了准备。

但需要清楚的是，现在的孩子需要不同的技能才能在21

世纪获得成功。大学预科主要是为学生在高等教育中取得成功做准备。为就业做准备与为职业做准备是不同的。职业和技术教育是为学生的就业做准备的。为职业做准备明显不同于为升学或为某一份工作做准备。

职业准备伙伴委员会（Career Readiness Partner Council）成立于2012年，由一群来自美国教育和劳动力组织的领导组成，旨在辨明什么是"不仅要为就业做好准备，也要为职业做好准备"。他们认为，一个做好职业准备的人能够有效地将教育和就业联系起来，从而拥有一个令人满意、经济上有保障和成功的职业生涯。职业不仅仅是一份工作，职业准备没有明确的终点。在不断变化的全球经济中做好职业准备，除了要掌握关键知识和技能，还需要适应力和终身学习的决心，以及随着时间的推移，在不同的职业中拥有持续发展所需的不同气质。

> **专家视点**
>
> 在民意调查时，我们发现，认为学生需要接受高等教育才能获得成功的观点越来越少。许多人认为高等教育不值得投资。这就是为什么创业技能的教学已经成为该调查的重要组成部分。很多未来的人才可能连大学都不会读完。
>
> ——凯蒂·里昂（Katie Lyon）
> 盖洛普（Gallup）公司负责高等教育的总经理

坦白说，我认为，对于许多学生而言，学士学位已经成一个伪命题，一个不一定需要兑现的诺言。大学不再是毕业生找到一份保证自己终身可持续发展的好工作的门槛。至少接受大学教育程度高比接受大学教育程度低在就业和经济独立方面更占优势的假设不成立。田纳西州的一项研究表明，该州两年制大学毕业生的平均薪资高于四年制大学毕业生。这是为什么呢？原因在于技术领域对劳动者的需求激增。此外，很多时候，获得四年制学历或更高学历的成本在增加，超出了任何合理的投资回报范围。四年制大学文凭的成本呈上升趋势，如图2-4所示。

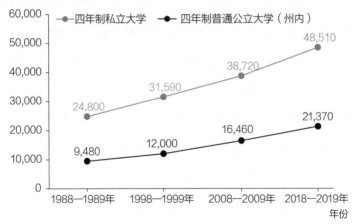

图2-4 田纳西州四年制大学文凭成本的变化趋势
（以2018年美元计算）

在《创新时代为孩子重塑教育：更有可能成功的路》(*Most Likely to Succeed*: *Preparing Our Kids for the Innovation Era*) 一书中，哈佛大学创新实验室常驻专家托尼·瓦格纳(Tony Wagner) 表示，毕业生不仅负债累累，而且还没有准备好进入职场。"我们经常听到雇主说，即使是精英大学的毕业生，也没有准备好承担工作责任。他们的创造力和想象力在哪儿？他们似乎很讨厌非结构性问题。他们不断追求的是微观管理，追求的是如何在职场上每天甚至每个小时都能有所进步。"

没错，四年制大学对许多学生而言仍然是重要且合适的。但并非对所有学生都如此。无论学生是否选择上大学，教育工作者的最终目标仍是一样的：让学生获得成功，过上自给自足的生活，这种目标通常是通过职业来实现的。现如今，大学逐渐成为通往成功道路上的众多选择之一。我们是时候认识到，20 世纪的教学模式根本无法满足 21 世纪的职业要求。我们必须想想如何加大力度传授"做好职业准备"所需的知识，使之与"为升学准备"所需的知识并重。

作为教育工作者，培养学生的批判思维能力、激发学生的创造力、培养学生的生活技能、帮助学生建立自信及确保学生变得更加才思泉涌和独立自主是我们的本职工作。有人可能会说，无论是否拥有大学文凭，这些品质才是获得成功的真正方法。并不是每个学生都能、都愿意或都应该上大学。然而,年轻人都得到机会学习和发展技能、思维模式,并且学习如何建立自信,从而发挥自己最大的潜力。这是最可靠的方法,能够让当代学生获得成功,成为负责任的、自力更生的成年人和为社会进步做出贡献的公民。

未来的学校领导

劳动就业专家预测,学生在2030年将要从事的工作中,有85%的工作还没被创造出来。因为世界正在快速发展,工作中所需的技能也在不断变化,员工习得新技能的能力将比其储备了多少知识更受重视。现在的学生和未来的劳动者将需要善于获取信息,善于随机应变和适应新的、沉浸式技术。

我们的学校对此有所响应吗?有。但是,我们的努力是否得到回报?在大多数情况下,学校只是增加了更多的测试和要求,制定了更多的校规,同时继续培养学生面向一个不复存在的世界。我们在过时的标准上加倍努力,而不是放眼于未来。我们无法再把学生送到曾经的大公司,在这些公司里,他们的事业曾经可以稳步攀升,保障他们退休后还能享受生活保障和福利。出于良知,我们不能继续以过去的模式来培养学生应对未来的挑战。

现在的校长或教育管理者必须准备好把时间、注意力和精力集中在改变教学内容、教学方式和学生正在学习的内容上。应对这一艰巨的挑战需要懂得与时俱进的学校领导，这种新型的学校领导具备远不止过去"学校管理者"的技能和知识。这就引出了一个重要的问题：当下成功的学校领导需要掌握什么？能够做些什么？

要想找到答案，请您继续往下读。

未来应该汲取的经验和教训

- 需要遵守复杂的操作指南或明确规则的工作有可能被技术，特别是人工智能取代。虽然现在一些人可以通过做一份"基于规则"的工作过上好日子，但是很多这样的工作现在都岌岌可危。如果一项工作可以通过算法来完成，那么这项工作在未来将被取代。但乐观的情况是，随着一些工作岗位的消失，另外一些新的工作岗位又会被创造出来。
- 人工智能在其早期形态中帮助知识型劳动者提高效率，这类劳动者的薪资历来都比较高。而现在，人工智能已经对这些人构成了威胁，即将取代他们来工作。但这并不是一个简单的技术取代人类的案例。人类在许多方面仍发挥着至关重要的作用，至少在未来的几十年中，自动化和人工智能更有可能增强人类的能力。
- 将改变世界并在未来影响学生的三个主要人口趋势包括：中产阶级萎缩、人口老龄化和劳动力萎缩，以及现在的年轻人无法达到传统意义上成年人的标准。

- 在未来,要获得成功和实现自足将越来越需要创造力、评估能力和分析能力,还需要知道如何将解决方案应用于无法预测的现实情况中——将其作为团队协作的一部分。这就要求学生具备解决问题、批判性思维、协作,以及社交和情绪学习等技能。
- 四年制大学对许多学生而言仍然是重要且合适的,但并非每个学生都能、都愿意或都应该上大学。这意味着作为教育工作者,我们必须让学生做好职业准备。要在不断变化的全球经济中做好职业准备,学生需要适应力和终身学习的决心。

反思工具

日　期:＿＿＿＿＿＿＿＿

小组会议前:

本章中哪些想法引起了您的共鸣?您有任何疑问吗?

_____
_____
_____
_____

回顾本章中"未来应该汲取的经验和教训"部分。您希望作者还谈及其他哪些主题?

_____
_____
_____
_____
_____

小组会议期间:

小组会议期间,小组成员提出了哪些重要的想法?

_____
_____
_____
_____
_____

您从会议讨论中吸取了哪三个方面的关键信息?

1. _____
2. _____
3. _____

小组会议后：

请您对会议中讨论的内容进行反思。它是否改变了您的观点？如果是的话，又是如何改变的？

_____
_____
_____
_____

为了有助于实现教育的发展演变，您下一步拟采取的举措是什么？

_____
_____
_____
_____

补充说明

第 3 章 培养全面发展的孩子

预期研习成果：

- 界定社交和情绪学习（SEL）这一概念。
- 了解我们的学生所面临的行为问题，以及相应的最佳解决方案是什么。
- 利用本章中提供的评价量表，确立开展可持续性社交和情绪学习的方案。

研习主题：

- 社交和情绪学习背后的理念，一直是我们课堂上的一部分，不过，是不成文的、未写入教案的课程部分。您是如何理解社交和情绪学习的？您的定义与本章中所论述的概念有何重叠部分或不同之处？
- 关于大脑最新的研究表明，"学习不只发生在大脑中主导思维的区域，它也发生在主导感觉和生存的大脑区域。高效的教学就是要考虑并调动大脑的这三个区域"。这一研究对您的教学方法产生怎样的影响？

- 案例分享。例如，你在课堂上碰到学生出现行为问题时，你问："这个孩子有什么问题？"结果会如何？再分享一下，如果你换个方式问："这个孩子发生什么事了？"结果会如何？这些经历将如何帮助您更好地理解"行为健康连续体"（Behavioral Health Continuum）这一概念，以及在发展阶段，如何有效地融入社交和情绪学习策略？
- 作者审视了成功实施社交和情绪学习策略的三个关键特征：一是以特定顺序融入社交和情绪学习能力；二是要学会灵活变通，并使用易于运用的策略；三是实时响应学生的个性化需求。您希望更加关注这三种特征中的哪一个？为此，您需要获得哪些支持和资源？

行动步骤：

- 尝试在您的课堂中加入一个体现社交和情绪学习策略内核的例子（如果情况允许的话）。准备好分享您选择有关策略时的经历。
- 回顾学术、社交和情绪学习协会（CASEL）官网上的"社交与情绪学习规划和实施评价量表"。您如何将此评价量表与您所在地区的资源和需求评估流程相结合？谁是领导和参与这个评估过程的利益相关者？

一位名叫亚历克斯（Alex）的小男孩第一天上幼儿园，他看起来有些忧心忡忡。其他孩子看起来也很紧张，但是，他们很快就适应了。然而，亚历克斯并没有，他整天躲在他的课桌底下，紧紧地抓着课桌的金属桌腿，直到手指关节因为用力过猛且过久而变得苍白。

三名中学生（两个男孩和一个女孩）放学后，还留在语言艺术教室，继续说着他们在课堂上讨论的关于他们父母离婚的话题。教室很快就变成了一个即兴俱乐部；他们的老师很忙碌，需要时间准备课程，但是，老师意识到，这些孩子从未有机会找到合适的地方，敞开心扉来分享这个话题。

玛丽亚（Maria）是一名高中新生，成绩一直很优异。但是突然之间，她开始出现课程不及格的状况，并且把自己的家人拒之门外。她的父母花了几周的时间才搞清楚问题所在，并且意识到问题的严重性，原来玛丽亚患有饮食失调症。

爱丽丝（Alice）读二年级，她似乎故意要与同龄人对抗。在小伙伴们围坐成一圈交谈的课堂活动时间，爱丽丝会坐在他们的身上；她还在午餐时间大喊大叫，辱骂别人。学校里的工作人员费尽心思地帮助她，尽量将她这些负面的互动方式，积极地转化为她真正想要的关注。

上面这些场面您是不是也感到似曾相识？在过去的几年里，我一直在询问美国各地的教育工作者——有的来自城里的学校，有的来自郊区和农村的学校——是否感受到存在行为与心理健康问题的学生数量有所增加。

我得到的是响亮、清晰且高度一致的回答：是的！

教师和教辅人员都可以举出数百个与之类似的例子，他们每天都需要处理学生的行为问题。在我与来自美国各地的教师、辅导员和校长的交谈中，他们告诉我，近年来，这些问题越来越多。然而，很多情况下，评估教师的方式或期望教师"如何做好本职工作"的方式并没有改变。各大学区对学生的学业水平评估日益关注，这只可能会让教师更加重视学生的学业水平和成绩，而不是其他任何事情或能力。教师感受到越来越大的工作压力：要推动学生为下一场考试和升入高一年级做好准备。很多情况下，对教师和学生的评估方式没有考虑到，教师除了必须要达到这些硬性考核指标要求，还要维持课堂秩序，而孩子们的行为与5年前或10年前的学生相比，已经截然不同。我从教师那里一遍又一遍地听到：学生们存在各种问题，有破坏性行为，有注意力不集中及心理健康问题等，这些问题已经极大地妨碍教师们"做好本职工作"。

这些担忧并非有失偏颇、不合时宜。显然，越来越多的孩子存在心理健康问题，或者存在心理学家所称作的"行为健康"问题。正如我们在本书前面几章中所了解到的，由于技术进步、文化变迁及一些全球性的问题，我们的孩子和他们身处的世界都在发生翻天覆地的变化。在这样新的现实世界中，学生有着新的需求，而要在学校或课堂环境中满足他们的这些需求，可能非常具有挑战性。不过，在这些新的需求中，有许多的确是可以得到满足的，并且可以通过我们通常所熟知的社交和情绪学习方式得到满足。一旦满足学生的这些需求，他们将来获得成功的概率会大大提升。国际教育领导力中心开展的研究和讨论表明，社交和情绪学习对学生在学校及毕业走出校门后获得成功都是至关重要的。

在本章中，我们将深入探讨解决学生所面临的行为问题的最佳方案。我们还将探讨，在教学中融入社交和情绪学习所面临的挑战、成功的解决方案的关键特征，以及在整个学区或学校实施这种方案的初始步骤。此外，我还会提供一个内容详细的评价量表，可以指导您和您的团队，一步一步创建具有可持续性的社交和情绪学习方案，该方案适用于所有教育水平和所有类型的学校。

首先，需要界定的是，我们在国际教育领导力中心所说的社交和情绪学习的含义是什么。我们需要对该术语有统一的、一致的理解；否则，各人有各人的理解，所有人就会无法专注于这一术语涵盖的核心内容。

社交和情绪：从本能的认识转变为明确的技能

社交和情绪学习是一个过程，人们在这个过程中，了解、管理和控制自己的情绪、做出负责任的决定、确定和掌控目标、与他人建立联系、培养对他人的同理心和理解力、培养友谊和其他积极的关系。这听起来可真是又长又拗口！在某些情况下，控制情绪似乎很简单，但是，说是一回事，做起来又是一回事，将语言落实到实践可能会很复杂。不过，我们可以将社交和情绪学习任务分解，根据不同年龄分解成适当的步骤，然后再传授给学生，就像讲授阅读、加法运算或某项运动技能的过程一样。这些基本技能可以且应该随着时间的推移被教授给孩子。我们并不期待孩子们拿起篮球，然后突然就能罚进一球，但是，我们却常常期望孩子们第一次坐在教室里就能够控制自己的情绪。这些情感技能和行为技能需要一遍又一遍地传授并加以强化，就像传授和强化带球、传球或射门等技能一样。

社交和情绪学习背后的理念并不是什么新鲜事物，它一直是我们不成文的课程或隐性课程的一部分。但是，随着学生的需求呈飞跃式增长，国家对学校发出了关于开展社交和情绪学习活动的号召，因此，确定和界定学生必须获得的技能，以便可以高效地且以合乎道德标准的方式处理日常教学任务，就变得更加至关重要了。

为培养学生的社交和情绪学习能力制定课程标准，就与为学科课程制定标准处于同等重要的地位。每个学区每个年级的每位教师都知道，他们需要引导学生获得的核心能力和标准技能是什么。虽然"社交和情绪学习"这个术语在学校使用的频率越来越高，但请大家务必要明确，我们需要对该术语的定义及其关键概念有更清晰、更一致的理解，以便我们在学校中能够有效地开展社交和情绪学习教育。

学术、社交和情绪学习协会等组织及美国阿斯彭研究所（Aspen Institute）创立的美国国家委员会编制了一份行为健康技能和能力清单，正如约瑟夫·A.杜拉克（Joseph A. Durlak）、塞琳·E.多米特罗维奇（Celene E. Domitrovich）、罗杰·P.魏斯伯格（Roger P. Weissberg）和托马斯·P.古洛塔（Thomas P. Gullotta）在《社交和情绪学习手册：研究与实践》（*Handbook of Social and Emotional Learning：Research and Practice*）一书中所阐述的，构成行为健康的五种核心能力分别是自我意识、自我管理、社交意识、人际关系技巧和负责任的决策力。每一种能力的定义如下：

- **自我意识**：了解个人情绪、个人目标和价值观，并认识到思想、感觉和行动是相互关联的。
- **自我管理**：掌握调节情绪和行为必备的技能，以实现自己的目标，如延迟满足、管理压力、控制冲动及面对挑战时锲而不舍。
- **社交意识**：对背景或文化不同的人，给予尊重、具有同理心和同情心；知晓社交行为规范。
- **人际关系技巧**：能够清晰地沟通、积极地聆听、开展合作、抵制不适当的社交压力、建设性地协商冲突，并且在需要时寻求帮助。

- **负责任的决策力**：做出负责任的决定，考虑道德标准和安全问题，切实评估各种行为可能产生的后果，并且顾及自己和他人的健康和幸福感。

以上给出的定义，其实是概括并明确了许多教师依其本能就已经知晓的内容。这些技能可以分为认知技能（集中注意力、专心致志及设定目标的能力）、社交和人际关系技能（理解社交技巧和与人合作的能力）及情感技能（管理情绪和处理情绪的能力）。

但请您不要误解，教授这些技能并不是传授社交伎俩（social engineering）。它关乎我们孩子、即将为人父母者、领导和公民的心理健康及在未来获得成功所必备的技能。我们必须能够有效地衡量和跟踪学生的这些能力的发展，并且以多种方式持续不断地将它们融入我们的校园文化和课程。为所有教职员工提供全面的、持续的职业培训，是帮助那些在本章开篇中描述的学生的关键，比如那个躲在课桌下的小孩、下课后和老师聊天的孩子、患有饮食失调症的高中生、言行失控的二年级学生，以及有其他行为问题的学生。

社交和情绪学习能力使所有学生受益

无论我们是否意识到我们的孩子持续处于社交和情绪学习状态，在这种状态下，他们的感知和体验都会对他们的社交和情绪学习能力、学习能力及与他人互动的能力有正面或反面的影响。对这些技能加以界定，可以帮助教育工作者有意识地教授学生人际关系技巧，并且有意识地将社交和情绪学习融入学科学习。这样做可以让学生从几大方面受益：促进学习、培养健康的社交和情绪学习能力、预防心理问题，以及让学生为日后投身于重视合作和解决问题的社会经济大环境做好准备。

社交和情绪学习及学科学习

即使没有行为健康或心理健康方面的风险，学生也可以从课堂上的社交和情绪学习中受益。我们一直以来认为大脑可以分为三个不同的区域，这些不同的区域分别履行三种不同的功能：

- 最底层是原脑（primitive brain）。它管理着我们的生存本能。例如，它帮助我们应对威胁。
- 第二层是社交和情绪大脑（social, affective brain）。它是产生情绪的区域，这些情绪引导我们求生。例如，当我们发现威胁或感到恐惧时，它指引我们逃离。
- 处在顶层的是脑前额叶（prefrontal cortex）。大脑的这部分又可以被分为左右两个半球，负责处理我们所有高级的、抽象的思维。在以往旧的研究范式中，脑前额叶曾经被认为与大脑的生存机制和情感机制基本分离。

然而，直到近年来，最新的神经科学才开始质疑和挑战这种陈旧的关于大脑不同区域和不同层次的认知。现在，我们知道，大脑各区域之间的关联比我们曾经想象的要紧密得多。正如情感神经系统科学家、人类发展心理学家和曾经任教于公立学校的玛丽·海伦·爱莫迪诺－杨（Mary Helen Immordino-Yang）所论述的那样："从神经生物学角度而言，如果没有情绪参与，就不可能进行记忆活动和复杂的思维活动，或者做出有意义的决定。"换句话说，我们无法将社交和情绪学习与学科学习相分离。

> **专家视点**
>
> 要想让孩子成年以后能够取得成功，我们就要让他们既具备执行管理技能，又具备社交和情绪学习能力，这是绝对必要的。有关研究在这一点上毫不含糊。但是，当孩子缺乏这些能力时，我们就会惩罚他们。然而，我们并不会对一个存在阅读困难或数学科目学起来费劲的孩子说："你知道吗，你根本没有学明白。去校长办公室！"
>
> ——肖娜·麦克唐纳
> 明尼苏达州 Playworks 公司执行董事

脑前额叶主导我们思考数学问题和哲学问题、构思解决方案、同情他人、规划未来等，它也为大脑的生存机制和情感机制提供驱动力。大脑的三个组成部分及它们的运作过程是相互依存的：我们如何思考，取决于大脑的生存机制和情感机制，而这两大机制也会进行自我重组和调整，从而服务于大脑的思考功能。

这项关于大脑的最新研究表明，思维方式可以改变我们的感受和生存机制——朝着好的方面或坏的方面改变。这项研究对教育工作者而言意味着什么？它意味着，学习不仅发生在负责思维的大脑部分，也发生在主导我们感觉和生存的大脑部分。好的教学就是将大脑的这三个部分均考虑在内，调动它们协同合作，从而支持或影响学习效果。我们采取的某种教学方式，可能有助于提升学生的智力发展，也可能抑制学生的智力发展。

这就是为什么我要强调社交和情绪学习的重要性。有关大脑的最新研究很清楚地表明：社交和情绪学习与学生的学业是分不开的。

社交和情绪学习本身也是学业。

社交和情绪学习有益于实现多样性

社交和情绪学习除了有助于解决当今学生潜在的行为问题和心理问题，并且构成学生学业的核心内容，它对于在课堂上培养学生的同理心也尤为重要。回到上文阐述的社交和情绪学习所包含的五种核心能力，在注重培养学生的社交意识和人际关系技巧的课堂环境里，学生可以意识到自己与同伴之间存在差异,并且可以平等地接纳彼此间的差异,而不会产生孰优孰劣的判断。

旧金山大学教育学院(University of San Francisco School of Education)副教授帕特里克·卡曼吉安(Patrick Carmangian)注意到,蒂龙·霍华德(Tyrone Howard)在其著作《让所有学生都茁壮成长》(All Students Must Thrive)中提出,不要将社交和情绪学习与学校中倡导的"不歧视有色人种"杂糅在一起;他认为,之所以这样,是因为我们的目的不是要消除学生之间的差异,不是要将学生的种族属性这一核心身份特征降至最低程度。正如卡曼吉安所说:"如果把不歧视有色人种与社交和情绪学习混为一谈,会加剧已造成的伤害,因为这样做,会造成一种体制性压迫,会将变革现状的责任推给那些受伤害最深的人们,也就是有色人种学生、言行特征等与其性别不相符的青年及来自不发达社区的年轻人,他们的家庭会首先承受着经济差距带来的压力。"社交意识的一个关键组成部分,往往就是对来自不同背景或不同文化的人富有同情心,但是,它却可能会变成一种刻板印象或使人做出居高临下、高人一等的推定。相反,积极地倾听,尊重个体学生多重的交叉身份和生活经历,有助于教育工作者在课堂上满足学生的个性化需求。这种方法对于进行真正的社交和情绪学习是至关重要的。

了解并满足学生当前的需求,为学生提供提升学业所需的情感工具,帮助学生理解他人并与他人进行良好沟通(即使是那些背景与自己不同的人群），这样的社交和情绪学习会使学生群体和教育工作者两个方面都受益。但是，我们究竟如何才能在课堂上落实这些理念呢？是否有可能在整个学区大规模地培训教师，从而惠及所有学生？让我们来看看美国各地的学校开展社交和情绪学习的一些最佳实践，以及其所使用的将社交和情绪学习作为其常规课程的方法。

理解行为健康连续体

意向性（intentionality）是有效开展社交和情绪学习的关键。我们需要转变观念，以前我们会问"这个孩子有什么问题"，而现在我们应该这样问，"这个孩子发生什么事了"。第一种方法将责任归咎于孩子，并且假设他做出了以行动来发泄自身情绪的选择。这种方法把孩子和教育工作者置于对立面，彼此采取防御和抵触的姿态。通常情况下，行为问题是诱因和罪魁祸首。第二种方法则让教育工作者与孩子并肩作战，并且将行为问题或情感创伤放在师生统一战线的对立面。当教师或教辅人员与学生并肩作战时，他们就不再将问题归咎于学生和学生做出的选择，而是将问题归因于从一开始就给学生带来痛苦的生活环境。教师从训责学生有什么问题，转变为去询问学生发生了什么事情，这样的思维方式转变为我们提供了一个全新的、更精准的框架，以便观察学生及他们每天带到课堂上的问题和困扰。

我理解，这样的思维转变对于教育工作者来说并不是一件容易的事儿，而且这些问题并不总是那么容易就能被发现。手臂骨折或心脏病有明确的诊断途径，但行为问题是很难发现和确定的。悲伤什么时候变成抑郁？忧虑什么时候变成焦虑？害怕什么时候变成恐惧症？在过去的几十年里，精神创伤、焦虑、抑郁和其他相关问题在校园里激增。这些主要的潜在压力源不再只影响少数学生，它们正在影响更多的学生。

> **专家视点**
>
> 我们的教师身处教学一线。教师通常首先意识到学生被问题困扰。如果学生自我封闭，教师应该如何应对？他们知道如何正确地询问学生吗？我们希望每位教师都知晓那些能打开学生心扉的通用语言。
>
> ——布拉德·布里德洛夫博士
> 北卡罗来纳州门罗市联合县公立学校首席学术官

为了更好地理解行为问题，请参考图3-1。行为健康连续体的起点是"发展"（development）。随着学生逐渐成长，我们就有机会帮助他们进行各种社交和情绪学习，这将为其校园生活和日常生活奠定健康的基础。下一个点是"预防"（prevention）。如果社交和情绪学习没有及早地融入学生的教育，在预防阶段给学生补上这一课,可能需要耗费更多的时间、精力、意向性和注意力,但这样做通常可以避免发生更严重的问题。当学生位于连续体的再下一个点,即"干预"(intervention)时,风险则要高得多。干预学生的行为健康和心理健康,可能更为困难和复杂。行为健康连续体上的最后一个点是"治疗"(treatment),这是最危险的阶段。如果学生的问题严重到需要治疗,他们的生活和未来就是悬而未决、安危未定的。图3-1呈现了行为健康连续体,以及绝大多数学校实际上都将时间和资源投入在了哪里(即干预和治疗阶段)。图3-2则显示了我们应该将时间和资源用在哪里(即发展和预防阶段),以便提升学生的幸福感,并且更好地让学生为他们的未来做好准备。

与学生打交道并关心学生的人都不想等到事情发展到最危险的治疗阶段。如果能够使一些学生免于落到需要干预和治疗的地步,那么在发展阶段融入有效的社交和情绪学习就是有实际意义的。

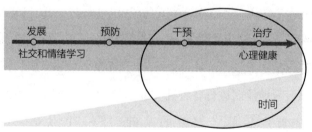

图3-1 行为健康连续体:我们目前投入更多资源的阶段

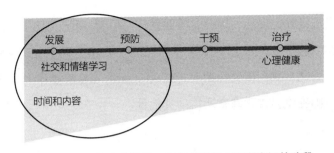

图 3-2　行为健康连续体：我们应该投入更多资源的阶段

然而，大多数学校都是等到干预和治疗阶段才来解决学生面临的社交和情绪学习问题。当学生在行为问题上苦苦挣扎时，我们却将他们撵出课堂，并且聘请越来越多的"教辅人员"来尝试解决学生备受困扰的问题和面临的挑战，这样就可以方便教授核心科目的教师能够继续准备授课。这样的做法有点像等到高中阶段才开始教授学生阅读技能。如果出现这种情况，人们会说在这样的教育体制中，学生因为不适应而被淘汰出局。但实际情况是，我们应该在学生学习基本入门知识的时候，也培养他们的社交和情绪学习能力。这样的话，等到学生毕业时，他们就有了在生活中取得成功所需的学业能力及社交和情绪学习能力。学生在生活中取得成功，是我们作为教育工作者共同追求的目标。

我们都需要思考这样一个问题：教育工作是培养学生的核心学业能力，还是说我们的工作职责应该更加广泛？我们的教育是为了培养全面发展的孩子吗？今天，学生的生活和我们的世界已经发生变化，因此，答案理应是后者。我们现在既要负责学生的学业，也要帮助学生获得行为健康的相关技能和知识。为此，我们需要开始实施切合实际的、易于操作的方案，为教师提供多样化课堂所需的灵活性。

采取灵活的策略，而不是僵化的措施

社交和情绪学习并不是建立在模糊不清、异想天开的理想主义的概念基础之上的。目前，美国在一些最具创新力的地区，已经制定了一些成功的策略和具体的操作程序，以便应对社交和情绪学习所面临的关键性挑战。例如，在2017年，美国学校管理者联合会、国际教育领导力中心和成功实践网等教育机构，携手对美国一些进步迅速的学校和地区进行了一项研究。该研究表明，学校领导需要：

- 认识到行为问题是从"发展阶段"到"预防阶段"再到"干预阶段"最后再到"治疗阶段"的一个连续过程，学校需要在该连续体的起点提供更多投入和支持，这是一种防患于未然、先发制人的措施。
- 确保将学生的行为发展和行为健康视为学校肩负的核心责任，而不仅仅是针对特定学生群体提供的系统支持。
- 使用框架标准来指导所有教职员工提出创新型解决方案、课程、教学策略和开展职业培训。

以上这三点"领导须知"与我们在本章中前面论述过的内容是高度一致的。这些"领导须知"也表明，学校管理人员和教育工作者必须转变思维，这样的转变对于他们为学校制定课程规划至关重要。但是，如何实现思维转变与为什么要实施思维转变是同等重要的。

> **专家视点**
>
> 教孩子控制他们自身的行为，与向他们讲授英文和数学科目知识一样重要。而且，同样地，我们也需要尽早为之奠定基础，以便学生在整个求学过程中都能取得成功。当学生进入更高年级时，教师们会发现，他们对学生的监管严重乏力。
>
> ——杰米·邦奇克（Jaime Bonczyk）
> 霍普金斯早教中心（Hopkins Early Learning Center）
> 执行董事

够了。我现在仿佛都能听得到你们的抗议声。你们当中，有一些教师，可能原本工作日里已经是在超负荷运转，再来这么一个宏大的想法，可能真要怨声载道了。但我有个好消息要告诉你们：实施有效的社交和情绪学习，并不仅仅是在教育工作者已经超负荷的肩膀上"再增加一项任务"。相反，这些策略可以响应学生不断变化的实时需求。这些并不是僵化的策略，也不是要求教师在其他充斥着标准、规则和方法论的任务活页上额外加码。这些是灵活的策略,将使教师每一天的工作更加轻松自如,而不是更加困难。

在教学中融入社交和情绪学习:相关研究的启迪

我们在国际教育领导力中心研讨发现的那些有效实施社交和情绪学习的方式,并不一定能够得到每个人的贯彻执行。不过,没关系。我们认为这是一个积极的信号,表明该领域有许多人正在尝试为学校设计社交和情绪学习课程,也表明教育行业已经完全认识到开展社交和情绪学习的紧迫性,以及这种学习对学生走出校门、踏入社会日益凸显出重要性。学校正朝着积极变革教育的方向迈出重要的第一步。然而,国际教育领导力中心所开展的研究表明,其中许多举措通常缺乏一定的灵活性、过于笼统,具体而言,它们缺乏满足学生个性化需求应该具备的灵活性,这些举措往往也与学生的学业脱节,错失利用大脑三大部分协同工作而产生增强型学习的机会。

最新的研究成果表明,要使社交和情绪学习产生最多的益处,社交和情绪学习应当:

1. 当学生为其发展做好准备时,要以特定顺序融入社交和情绪学习。

2. 具有灵活性且依靠易于运用的策略,而不是以完整的课程展开。我们称这些为"内核",是因为它们虽然规模小,但是功能强大，可以全天候地在可开展教学的时刻见缝插针地融入，有助于培养学生获得一系列社交和情绪学习能力。
3. 实时响应学生的个性化需求。如果社交和情绪学习真正且实时地开展，那不仅可以在课堂上开展，而且可以在任何其他需要社交和情绪学习内核的地方开展，如自助餐厅、运动场、走廊、校车上等。这意味着对学生进行社交和情绪学习教育，必须是校内及校外每个成年人应该肩负的责任。

当学习方案是建立在上述三个特征的基础之上时，我们就能够最大化地利用大脑三个组成部分之间的相互作用，因势利导，增强学生对自己作为学习者的认知。这种实施社交和情绪学习的方式也能被融入整个校园学习环境中。而且，正如好的教学应该做到的那样，这种社交和情绪学习方法更加关注的是学生本身，而不是讲授的内容。

从学生的现状出发

为了将成功有效的社交和情绪学习的三个特征融入日常教学，国际教育领导力中心一直致力于制定一项给予学校支持的方案，能够让学校站在一定的战略高度，将得到科学理论和证据支持的社交和情绪学习融入日常教学与教育工作。我们将神经科学、关系学及社交和情绪学习等几大领域的研究成果融会贯通，设计了一种支持全脑活动和保证学生健全成长的综合性方法。

为了应对社交和情绪学习及行为问题带来的挑战，学校和地区必须做到以下几点：

- **明确地区问题**。通过民意调查、研讨小组/焦点小组访谈等研究方法，以本地区的教师、行政管理者、家长和社区成员代表为调查对象和访谈对象，努力明确本地区所面临的挑战。学校和地区需要拥有本区问题意识，不要将本区面临的挑战视为全国性问题。通过收集数据和分析数据，各地区可以了解其自身特定环境下学生的独特需求。
- **确立学区目标**。在明确问题之后，制定清晰明确且可以量化的目标，并且制订监督目标进展情况的计划。
- **营造文化氛围**。通过在本地区内及跨地区举办一系列演讲和研讨会，提取具有可适用性的数据，从而营造一种支持全面实施计划和目标的文化，将学校董事会的决策落地，在课堂上切实开展，以应对地区层面的学生行为问题。在这个过程中起到关键作用的一个环节，就是实施师资职业发展培训计划，以支持校内每个成年人提升其社交和情绪学习能力，设法解决校内各个压力源（可能导致校园情势紧张的事件等），使教职员工可以在任何必要时刻适当地且有效地为学生提供社交和情绪学习教育。

- **制订教学计划**。创建适用于幼儿园到高中基础教育阶段的教学内容和教学策略，包括内容范围和内容顺序，并将社交和情绪学习适时融入教学活动。您可以参考那些在处理此类问题方面最成功的地区实践，并将其教学内容和教学策略作为您的着手点和出发点。这将为您所在地区节约大量的时间、节省一大笔费用。所制订的教学计划必须具有灵活性和高度的实用性，因为这并非关乎高深的理想，而是针对具体课堂和具体情况制定的精准策略。
- **设法满足需要被干预和治疗的学生的需求**。前四项行动将为您所在的地区提供一个切实可行的计划，能够满足社交和情绪学习在发展阶段和预防阶段的需求。但遗憾的是，您仍然会遇到部分身处危机之中的孩子，他们需要被干预和获得治疗。不过，幸运的是，经验表明，如果制订了切实可行的适用于发展阶段和预防阶段的计划，需要被干预和获得治疗的孩子的数量会急剧下降。但是，您仍然务必要制订该计划。计划应包括最佳策略和操作程序，从而为身处危机之中的学生提供帮助。

上述方法从收集数据着手，为每所学校制订具体计划：学校首先要注重教育工作者的能力提升和对其进行培训，然后在整个学校课程中实施社交和情绪学习教育，并确保为所有学生提供，而不仅仅是为有明显的心理问题的学生提供此类教育。

正如我们在上文中已经探讨过的，倘若非要等到学生需要被干预和获得治疗时再考虑向他们提供社交和情绪学习教育，就为时已晚，这样的策略是短视的且有害的。相比之下，国际教育领导力中心所采取的方法是，将社交和情绪学习融入学校的日常教育，这不仅大大改善了学生的学习效果，而且还能更好地让学生为无法掌控的未来做好准备，也有助于学生预防心理问题的产生或防止此类问题恶化。因此，学校可以将有限的资源用在那些最需要的学生身上，并为其提供更有针对性的、更及时的支持和干预。这种方法无论是对地区、学校、教育工作者，还是对学生和家长来说，都是大有裨益的。

范本：可以指导我们的实践

学术、社交和情绪学习协会设计的一种实用的评估量表，有助于推动学区从始至终有效地将社交和情绪学习融入各个学校的日常教育。

学术、社交和情绪学习协会的评估量表为地区在准备阶段、规划阶段和实施阶段提供帮助，并为学区提供用于创建可持续性社交和情绪学习计划所需的工具。需要注意的是，这是一套为整个学区或学校的所有学生提供社交和情绪学习机会的总体方法，但是，当涉及采取具体的干预措施时，教师需要一定的灵活性和自由度，从而根据学生的个性化需求和课堂多样化需求，选择最合适的策略。

社交和情绪学习的内核：直接干预

目前，正由哈佛大学教育研究生院（Harvard Graduate School of Education）的教授史蒂芬妮·M. 琼斯（Stephanie M. Jones）和该研究生院的其他研究人员设计的社交和情绪学习的内核，是一种简单有效的技术和方法，教师可以轻松驾驭，而且可以根据自身需求加以调整。琼斯教授还兼任社交和情绪学习生态方法（Ecological Approaches to Social and Emotional Learning，EASEL）实验室主任，同时也是国际教育领导力中心的思想领袖。近年来，她一直致力于开拓性研究，重点关注社交和情绪学习干预措施产生的积极影响，具体包括该类干预措施对学龄前儿童的行为和小学生的行为、学业及课堂实践产生的影响。

琼斯带领她的团队正在研发的社交和情绪学习内核策略短小精悍，有助于推动产生具体的、积极的行为改变。之所以被称为内核，是因为这一策略易于实施，并且内容是独立自主型的，可以根据具体需求选择使用。它适用于美国任何学校的学前、小学和初中阶段（K-6，六年级前）课堂的学习风格、技能水平、学习兴趣和目标。这些内核方法易于融入学校的日常教育，可以与以下三种示范性活动的基本结构相匹配：

- "小龟策略"（turtle technique）：让孩子冷静下来
  - ☆ 策略描述：这里使用小乌龟这个比喻，意思是学生抱着自己，用鼻子呼吸，并对自己采取言语形式或非言语形式的自我辅导，从而自行冷静下来。
  - ☆ 社交和情绪学习能力：管理情绪和行为。
  - ☆ 行为影响：减少对同龄人或成年人的过度反应和攻击性。
- 非言语的过渡性提示
  - ☆ 策略描述：教师利用视觉的、动觉的和/或听觉的提示，向学生传递信号，以具体的、模式化的方式转移其注意力或转变任务。
  - ☆ 社交和情绪学习能力：培养认知灵活性、专注力和理解社交性提示。
  - ☆ 行为影响：减少学生在课堂上无所事事的状态，提高其课堂参与度和投入学习的时间，增加其专注听讲的时间。
- 同学之间互相表扬（Peer-to-peer written praise）
  - ☆ 策略描述：孩子们在便笺簿、展示墙或相册上写下对同学的赞美之词（和/或大声朗读）。
  - ☆ 社交和情绪学习能力：培养学生以符合社交标准的方式开展社交活动、解决冲突。
  - ☆ 行为影响：提升学生的社交能力、学业成就和健康状况；减少暴力、攻击性和故意破坏公私财产的行为。

琼斯带领的研究团队研发设计的社交和情绪学习策略，目前尚处在科学论证阶段，但这些学习策略极具发展前景，琼斯会将其推广给学校。然后，学校可以根据自身需求，自行选择和运用相应的内核策略。而且，琼斯和她的团队将提供相关培训和技术指导，再将这些策略付诸教学实践之中，并且该团队会对策略实施结果加以评估。

为帮助实施和运用上述策略，每个内核技能都将以教学闪视卡片的形式呈现，卡片的一面写着是什么、为什么和如何进行干预，另一面写着成功秘诀、事后情况汇报说明及持续性学习指南。

从我个人的生活经历和专业视角来看，几乎所有人都在努力帮助那些我们每天与之互动的孩子，帮助他们应对生活中的压力。和所有关乎学生身心健康的问题一样，进行早期干预是非常重要的。社交和情绪学习需要成为对所有孩子进行早期干预的核心教育内容。我们有责任培养全面发展、人格和能力健全的孩子，而不仅仅培养"学业出众"的孩子。我们深爱我们的孩子，要把他们当作完整的人来关爱，并且尽我们所能帮助孩子培养他们生活中最为关键的且有助于他们现在和未来茁壮成长的技能。正如我们将在下一章中所探讨的，这样做的一个关键就是要在教职员工和学生之间培养牢固的、强大的、富有同情心和同理心的连接和纽带。

未来应该汲取的经验和教训

- 社交和情绪学习是为学生提供必备技能教育的关键,学生可以循序渐进地学习,并培养其自我意识、自我管理能力、社交意识、人际关系技巧和负责任的决策力。这些技能对于学生在学校、职场和社会取得成功都至关重要。
- 我们知道,了解学生的背景、大脑的发育和运作机制及其行为背后的根本原因,可以帮助教师与学生统一战线,并肩作战,从而提高学生与外界建立联系的能力和学习能力,这对学生、教育工作者和学校而言都大有裨益。
- 社交和情绪学习并不是新鲜事物,而是优秀教师依其本能就一直在运用的策略。界定什么是社交和情绪学习能力,能够让教育工作者培养学生茁壮成长所需的思维和健康的情绪。
- 学校制订的社交和情绪学习计划要取得成功,应将出发点和重点放在行为健康连续体的发展阶段和预防阶段,而不是放到后期的干预阶段和治疗阶段。
- 社交和情绪学习计划不是僵化的,反之,其应该能够让教育工作者实时地响应任何状况。这些计划应该贯穿于全部课程,能够帮助学生在情感、社交和学业方面都获得最大限度的好处。
- 为了在全部课程中有效地融入和实施社交和情绪学习计划,学校和学区必须明确地区问题、确立地区目标、营造文化氛围、制订教学计划,并且满足干预阶段和治疗阶段的学生需求。

反思工具

日　期：_____

小组会议前：

本章中哪些想法引起了您的共鸣？您有任何疑问吗？

_____
_____
_____
_____

回顾本章中"未来应该汲取的经验和教训"部分。您希望作者还谈及其他哪些主题？

_____
_____
_____
_____

小组会议期间:

小组会议期间,小组成员提出了哪些重要的想法?

_____
_____
_____
_____

您从会议讨论中吸取了哪三个方面的关键信息?

1. _____
2. _____
3. _____

小组会议后:

请您对会议中讨论的内容进行反思。它是否改变了您的观点?如果是的话,又是如何改变的?

_____
_____
_____
_____

为了有助于实现教育的发展演变,您下一步拟采取的举措是什么?

_____
_____
_____
_____

补充说明

第4章 严谨性和相关性：现在始于人际关系

预期研习成果：

- 明确国际教育领导力中心创立的"严谨性/相关性框架"（rigor/relevance framework）和"人际关系框架"的内涵。
- 理解为什么学校是创建和维护牢固关系的关键环境。
- 明确与学生之间建立关系的最佳做法。

研习主题：

- 根据国际教育领导力中心创立的"严谨性/相关性框架"，明确的目的使执行严格标准成为可能，从而使现实生活中取得成功成为可能。当我们要求学生完成的任务与他们的生活密切相关时，他们会更愿意深度参与这些任务。您在课堂上运用了哪些技巧，使学习内容更具吸引力，从而使学生更加积极主动地参与其中？学生能否在现实生活中将他们的知识学以致用？

- 回顾一下您与学生曾经建立过牢固的、有意义的人际关系的经历。您是如何在这段人际关系中建立起信任感和认同感的？您是否注意到学生的行为和/或学业成绩由于这种牢固的师生关系而发生了某种变化？
- 教育工作者往往身兼数职，扮演多重角色。在您作为教育工作者所扮演的每一种角色中，您都有机会与学生密切互动并建立良好的关系。查阅本章中关于建立良好关系的策略并讨论。您能对其中哪些策略融会贯通？您又如何鼓励教师之间开展这种互动？
- 分组讨论您所在学校关于建立关系的校园文化是什么样的。是积极落实并鼓励人际互动，还是只谈论下这样的想法而已？如果是后者，可以做些什么来改善这种状况？
- 要满足学生的所有需求，我们需要有一个由乐于奉献和充满爱心的人士组成的社区。社区学校（community schools）如何关心和支持将学生作为全人来教育和培养？社区学校能够为学生提供哪些额外资源？

行动步骤：

- 查阅"人际关系量表"，尤其是关于"脆弱性"的部分。虽然脆弱性通常被视为一种负面状态，但是，布琳·布朗（Brené Brown）认为，它是"通往开放性和成长的有力途径"。创建一个清单——就像本章中的那样——列出您可以放心地让自己和学生感受脆弱的方式。准备好与小组成员分享您所列的清单。
- 如何有助于教师与学生建立积极的人际关系，请列出能够起到支持作用的举措清单：辅导；奖励、认可和激励；咨询计划；与商界建立伙伴关系；服务式学习并为社区服务；课外辅导活动；基于家庭开展的活动；运动。请您通过其中一项举措，创造与学生互动的机会。梳理结果并准备好就此开展讨论。

多年来，国际教育领导力中心一直在谈论第三个 R，即人际关系（relationships），并将它作为实现严谨性（rigor）和相关性（relevance）的关键一步。随着我们的生活出现本书前三章中所阐述的诸多变化和挑战，我们开始更频繁且更激烈地讨论着人际关系的重要性。国际教育领导力中心与广大教育工作者开展合作，旨在提升教育的严谨性和相关性。我们强调，教育工作者应该与所有的学生建立信任型关系，这一点至关重要。与此同时，我们发现，有意义的师生关系在课堂上也能提升教学质量，符合更严格的教学标准，教学活动也更贴近学生生活。我们一次又一次地看到人际关系的力量，这种力量可以培养学生的韧性和毅力，可以鼓励学生更投入地学习，并且有助于提高学生的自信心，让学生更加相信自己的潜力。

近年来，我们观察到越来越多的学生——其中有些年龄还非常小——都面临严重的心理问题。正因如此，我们敲响战鼓，更积极地宣传人际关系的重要性。我们开展对话，强调社交和情绪学习的重要性，这一点在前面第3章中已经进行了深入讨论，社交和情绪学习既是建立高质量关系的路径和渠道，也是高质量关系的成果。我们知道，当孩子们患有焦虑症、抑郁症或承受着自我价值感不足的痛苦时，如果他们感觉生活中没有成年人关心他们、自己的需求不被看见，就很难爬出这些痛苦的深渊。这就意味着，在学校里，我们和学生建立有意义的关系变得更加重要。而且，与学生建立有意义的关系的理由，显然超出了严谨性和相关性的要求。是的，人际关系是建立更高程度的严谨性和相关性的基础。此外，在今天和将来，良好的人际关系对于学生提升幸福感，以及促使他们能够投入学习并在学校取得优异成绩至关重要。这就是为什么我们主张良好的人际关系不仅是实现教育严谨性和相关性的关键一步，还是学生迈向严谨性和相关性的第一步。第三个"R"（即人际关系）已经将原来的第一个"R"（即严谨性）取而代之，人际关系的重要性位居教学和教育的第一位。

我们都知道，在学校里，人际关系的力量是很强大的。我们凭直觉和本能就意识到了这点，也从经验中认识到了这点。然而，直到近几年，才有相关研究成果开始证实我们之前的这些认知和经验之谈。相关研究不仅证实了我们的集体直觉，即我们必须付出巨大的努力来维持与所有学生的关系，而且还开始向我们展示需要这样做的原因及可以采取的适当方式。在本章中，我将阐释在学校建立"学习关系"（learning relationships）的相关内容、原因和方式，并提供诸多策略，用于在课堂上和整个校园里与学生建立积极的、高质量的关系。在我们深入探讨这些细节之前，首先回顾一下国际教育领导力中心创建的"严谨性/相关性框架"，看看它是如何演变且适应建立良好关系这一需求的，而建立良好关系在教育中变得日益重要。

三个"R"

1991年，我创建了一个应用模型，它包括以下五个层次：

- 具有某一学科领域的知识
- 学科内应用
- 跨学科应用
- 应用于现实中可预测的情况
- 应用于现实中不可预测的情况

然后，我将这一应用模型与布鲁姆（Bloom）提出的学习分类法相融合，并且创建了"严谨性/相关性框架"（见图4-1）。因此，该框架整合了布鲁姆提出的日益复杂的思维层次及相关性应用层次，其结果产生了一个包含四个象限的框架，代表了严谨性和相关性四种可能的组合方式。"严谨性/相关性框架"被设计成一种看似简单却功能强大的工具,可以帮助教育工作者规划和评估课堂中更高水平的严谨性和相关性。

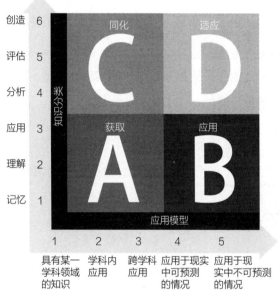

图4-1 严谨性/相关性框架

象限 A 代表对知识本身的简单记忆和基本理解,象限 C 代表知识本身及更为复杂的思维。可以用来说明象限 A 中思维的例子包括,知晓太阳系中有多少颗行星,以及是亚伯拉罕·林肯(Abraham Lincoln)发表了葛底斯堡演说(Gettysburg Address)。象限 C 包含更高层次的知识,如了解美国政府体制如何运作，并且能分析多元化给美国带来的益处。

象限 B 和象限 D 代表行动或高层次应用。象限 B 包括了解如何利用数学技能来计算购买东西后的找零。象限 D 中典型的知识应用包括在广域网系统中访问信息，以及从各种来源获取知识，并且用之解决工作场所中遇到的复杂问题。用更简洁的方式表述就是：象限 A 是获取，象限 B 是应用，象限 C 是同化，象限 D 是适应。

该框架是用作设计教学和评估的实用型模型，并且以下面几项前提条件为基础：

- 21 世纪的教学活动不仅仅局限于传授事实或日常技能，因为事实类知识可以在网上获取，日常技能也可以通过手机和计算机来学习。
- 有意义且持久的学习是一个积极参与的过程，而不是"坐享其成"。
- 学习不再只是为了知晓事实。现在的学习，更多是为了解决问题，而这些问题往往没有明确且现成的解决方案。
- 能够运用知识，比简单地理解知识更为重要。
- 更高层次的实际应用，有助于获得更高水平的学科知识和成就。

多年来，在国际教育领导力中心有一句话被反复强调，那就是：相关性使严谨性成为可能，而严谨性使生活中取得成功成为可能。也就是说,我们要求学生完成的任务,要与他们的生活及其兴趣密切相关,这样的话,他们就会进行更严谨、缜密的思考和学习。如果学生觉得学习任务与自己的生活和兴趣毫不相关,那么他们通常不会愿意投入或深入、严谨地思考。

随着我们指导越来越多的教育工作者运用"严谨性/相关性框架",我们不难发现,积极的、高质量的人际关系使相关性成为可能。这些积极的、高质量的人际关系的特点是与学生建立联系、给予他们支持及发自内心的关心。换句话说,当"严谨性/相关性框架"被纳入这些有意义的人际关系之中时,它就可以发挥最大的潜力。如果教师想让学习对学生而言具有相关性——在我们的职业中谁都希望如此——那么教师就必须知道每一个学生觉得什么是有趣的、好玩的和吸引他们的。而教师要想知道这些,就必须赢得学生的信任,让学生愿意敞开心扉,与之分享他们的生活和讨论他们的兴趣爱好,并且透露他们的学习目标。只有建立师生之间的积极的、高质量的关系才能实现这一点。

图4-2显示出我们如何将人际关系添加到"严谨性/相关性框架"之中,并且创建我们称之为"人际关系框架"的新模型。

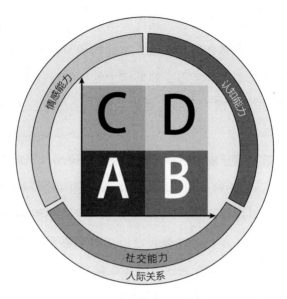

图 4-2 人际关系框架

这个人际关系框架能更好地呈现三个"R"之间的真实关联,即人际关系→相关性→严谨性。

是的,在这个人际关系框架里,仍然是相关性使严谨性成为可能。但是,正如我们许多人在美国各地的学校和课堂中所了解到的,对某一个学生而言具有相关性的内容,不一定对其他学生也如此。人际关系则有助于我们了解学生对于相关性的个性化需求,还有助于培养学生的情感能力、社交能力及认知能力,这些能力是学生在学校里学习所应具备的,也是他们在未来应对快速变化的世界所应具备的技能。

牢固的人际关系带来深入的学习体验

对于许多学生而言,学校通常是他们建立和培养人际关系的主要场所。这些关系可能是与同学、队友、管理人员和教辅人员建立的。也可能是与学校里的其他成年人建立的。但是,教师仍然是学生在学校里日常接触的主要对象。正如我们在本书前几章中所探讨的,今天的学生与过去的学生相比,发生了根本性的变化。作为21世纪的孩子,他们习惯于积极运用技术,因此,他们总是期待个性化的体验,而且他们期待的这种体验通常是协作式的,并能向他们提供即时反馈。如果没有这种个性化的和即时的联动,他们往往心不在焉、无法全身心投入。这是一个严重的问题——心不在焉的学生可能只是记住事实、遵守规则,但他们并没有真正学进去。雪上加霜的是,他们没有学会如何才能更投入地学习。

"相关性"缓解了这个问题。"相关性"具有以下优点,因而有助于学生最为高效地学习,并让他们为自身的学习负责:

- 学生找到学习的理由。
- 学生可以将所学知识与其校外生活联系起来。
- 学生是积极地投入学习的主体,而不是被视为必须塞满知识的被动的或空洞的容器。

- 学生在接受指导和教学时，教师会考虑他们的兴趣爱好和学习风格。
- 学生在学校里有安全感和安定感，感到自己是被接纳的；他们感觉学校是"一个不错的地方"。

因此，学校领导必须将帮助学生在学校里建立积极的和支持性的人际关系作为他们关注的优先事项——无论是学生与校内成年人之间的关系，还是与其他学生之间的关系——以促进学习的相关性。这就需要让教师了解所有学生的兴趣爱好和具体情况，以及支持学生培养健康的和适当的人际关系，也就是能让学生建立整体上使之保持心理健康和具有幸福感的关系。特别值得一提的是，高质量关系中有两个构成部分可以促进相关性：一是培养学生的内驱力；二是培养学生的被接纳感、信任感和归属感。接下来让我们仔细看看这两大组成部分中的每一项，并且审视它们为什么符合心理学领域和教育领域的相关研究成果。

动力源于热爱

作为教育工作者，许多人会犯的一个重大错误就是，将"服从"（obedience）与"动力"（motivation）混为一谈。我们一定要记住，遵守规则与欣然且充满热情地处理一个问题或解决一个问题是不同的。孩子和成人一样，在自己真正想要做一件事情的时候,都能做到最好。因此,某件事情、某门课程或某个问题需要对学生而言具有意义和相关性。当然,对某一个孩子而言,具有意义和相关性的内容,不一定对其他孩子也具有意义和相关性。任何一种教学方法、一个具体的说明性示例或某一个特定的学习应用程序,都可能会激发某些学生产生动力,却无法吸引和激励坐在他们旁边的另一群学生。而且危险之处恰恰在于,那一群学生表面上看起来也很投入,但实际上则不然,这会让教师们产生一种虚幻的满足感。学生们可能只是表现出顺从的样子,这样会让教师们推定"疑罪从无"(benefit of the doubt),会被学生那副无辜听话的样子所蒙蔽。而事实上,这些学生并没有投入学习。因为学习内容于他们而言不具有相关性,所以,他们没有在学习内容和自我之间建立联结。

因此,建立这种联结是至关重要的。只要学生找到自己热爱的东西——无论是运动、马驹、汽车还是科幻小说——他们在小小年纪就能热情参与、建立联结和相关性,这可以激励他们无论在校内还是在校外,都能投入学习。广阔的世界,而不仅局限于课堂,就可以成为学生学习和探索的地方。学生不是因为受到教师奖励或惩罚这些外在奖惩机制的驱动,而是开始在他们自己身上找到学习的内驱力。而这种特殊的兴趣爱好,就成为学生与教师、同学、新老朋友之间建立关系的连接点。正如佛蒙特州前教育专员、国际教育领导力中心高级研究员、成功实践网总裁雷蒙德·J.麦克纳尔蒂（Raymond J. McNulty）所解释的那样：

教育具有人性化的特征。在学校毕业典礼上发表演讲的优秀毕业生代表需要擅长一切。但是，那些具有很高艺术天赋、音乐天赋或文学天赋的学生呢？那些对学校某个方面的活动充满热爱的学生呢？通常，他们并不会因此而感觉良好，因为他们不会因为自己的这些天赋或热爱而得到奖励，而那些在所有科目上有所成就的学生却会得到奖励。那些拥有另类天赋的学生在学校并没有获得同样的尊重。但是，我们应该尊重学生的个人专长。拥有专注力和热爱，显示出他们具有深入学习的能力，而这样的专注力和热爱是非常强大的。作为教育工作者，如果我们能够充分挖掘学生的这份热情，那么学习就会对学生具有全新的意义和相关性。

与他人、想法和事物建立联结并与之建立关系，能够使学生积极投入，这是学习不可或缺的前提。在美国，那些发展最为迅速的学校都理解这一重要理念，并且就此采取了行动。在我对这些学校开展的研究中，我注意到，他们开展的一个关键实践就是，在师生之间建立了积极的关系。注重人际关系的校园文化，对学生的学业和成功产生强大的影响。我基于经验了解到，即使对于最敬业的教师而言，要与每个班级的每位学生都建立联系并与之建立积极的关系，也是一项十分艰巨的任务。然而，另一方面，对于学生而言，最重要的是自己至少要与学校里的一个成年人建立关系——一个非常了解学生、理解学生学习背后的驱动力、关心学生个人需求的成年人。

学生的接纳感、信任感和归属感

心理学家和社会学家告诉我们，支持型社会关系是我们"情感的支撑"，这就意味着，支持性社会关系可以提升和增强身心健康。此外，支持型社会关系还为我们提供一种"自我掌控力"。这种自我掌控力可以被定义为，我们相信可以通过自身的决定和行动来掌控或至少是可以影响我们自己的生活。自我掌控力对每个人都是重要的，尤其对年轻人就更为重要，因为年轻人仍然处在发展自我身份认同的阶段，他们试图在大千世界找到属于自己的位置，而青少年则可能是最需要这种积极的支持型社会关系的群体。

> **专家视点**
>
> 如果一个孩子感觉无法投入学习，并且也缺乏归属感，他们就无法在学业上收获成功。所以，如果您放眼未来，我们作为成年人现在需要做的，就是确保孩子们感受到与外界的联结、确保他们有归属感。我们可以在哪个地方为每个孩子提供这种联结和归属感呢？答案是学校。
>
> ——肖娜·麦克唐纳
> 明尼苏达州 Playworks 公司执行董事

当孩子们感受到自己被接纳时,他们才更有可能接纳别人。人际关系带来的另一个重要结果就是建立起信任感。信任感对学生而言当然非常重要,因为信任感可以带来安全感、增强学生的自信心,并且让他们感觉到有人关心他们是否幸福和成功。此外,如果学生觉得自己与教师和同龄人的关系都很好,他们就能够在学校体验到更强烈的归属感,从而更能驱使自己成为积极投入的学习者。所有这些感受——接纳感、信任感和归属感——都源于学生内心感受到的关心和安全感,因为他们相信,教师和同伴都认为他们是有价值的人,因而,这些学生就发展了重要的社交和情绪学习能力,从而进一步通过饱含关心的关系得到进一步提升。而且,同样重要的是,他们开始在内心升腾起一种强大的力量,即心理学家所称的"自我效能感"。

"自我效能感"这个概念由斯坦福大学心理学教授阿尔伯特·班杜拉(Albert Bandura)首先加以推广普及。自我效能感被定义为:相信自己为了在各种活动中取得成功,能够制定相应的策略并完成既定任务的能力。简而言之,自我效能感就是个人相信自己有能力。这种相信包括相信自己有能力完成某项特定任务,如解决一个问题、完成一篇论文、参加一次考试、发表一次演讲及进行创业等。显然,高度的自我效能感能带来诸多裨益,原因在于,除非我们真正相信自己可以带来我们想要的结果,否则,我们在面对困难和挑战时几乎就没有坚持下去的动力。

在过去的几十年时间里,有数十项研究审视自我效能感在个人取得学业成绩和职业成功中具有的重要作用。多项具有代表性的追踪研究发现,高度的自我效能感对于薪酬、工作满意度和事业成功均产生积极的影响。自我效能感已经在各种情境和学科中得到检验,诸多研究对其加以证实,包括审视自我效能感对于社交能力、果敢魄力、抑郁症状、运动表现和整体健康等方面的影响。

班杜拉教授和其他研究者发现,自我效能感对于我们实现目标和应对挑战均发挥着极为重要的积极作用。自我效能感强的人会将具有挑战性的问题视为必须攻克的任务。他们会对所参与的活动产生更浓厚的兴趣,并且形成更强烈的使命感去实现自己的利益目标,而且,他们也能从挫折和失望中迅速地恢复。相比之下,自我效能感弱的人会刻意回避具有挑战性的任务。他们认为,有难度的任务和状况超出自身的能力范围,并且他们往往过度关注自身的失败和消极的结果,如此导致的后果就是,他们很快就对自己的能力丧失信心。"自我效能感弱可能带来不利影响"的说法算是轻描淡写了,因为自我效能感的强弱几乎影响我们生活的方方面面——包括我们的学习、工作和生活。

因此,作为教育工作者,我们如何才能帮助学生提高其自我效能感呢?这里可能就需要发挥"人际关系"的作用了:

因为语言蕴含着激励人的力量。根据班杜拉教授的研究，如果有人以言语形式为我们提供建议，我们因此被激励和被引导，从而会相信自己可以成功地应对那些过去一度让我们无法招架的挑战。也就是说，当我们确信自己拥有攻坚克难的能力时，我们就会比在没有这种确信的情况下更努力地应对这些挑战。班杜拉教授指出："确信自我效能感得到提升，会引导人们千方百计地取得成功，也会促进自身能力的发展。"相比之下，班杜拉教授也发现，负面反馈会加剧自我效能感脆弱的状况。班杜拉教授提出，自我效能感偏低的人会陷入"恶化循环"（exacerbation cycles）。为了打破这一恶性循环，班杜拉教授建议，我们应该避免以负面的方式强调能力不足的现状，也应该避免宣扬某一特定任务非常容易完成。

上述研究只是重申了一个我们都已经知道的事实：语言很重要。展开来说，也就是，人际关系很重要，十分重要。

尽管有大量的研究表明，在教育中建立牢固的、支持型关系是有效的，但是，这些数字实际上向我们透露了什么信息呢？是否有客观数据支撑以下观点：人际关系的确在"严谨性/相关性框架"中居于首位？

定量研究依据

约翰·哈蒂（John Hattie）是我非常敬重的一位教育研究员，我利用他的研究成果，指导国际教育领导力中心开展的许多工作。哈蒂是澳大利亚墨尔本大学（Melbourne University）的教育学教授，他针对各种不同因素对教育所产生的影响，进行了史上规模最大的定量研究。该项目对3亿名学生开展了8万项研究且综合了1400项元分析（meta-analyses，即对众多的现有实证文献进行再次统计和分析）的结果。是的，您没看错，哈蒂教授的研究涉及3亿名学生。

在哈蒂教授的这项定量研究中，他测算了256种教育因素产生影响的效应量。他研究的所有干预措施的平均效应量为0.40（数字越大，表明干预措施越有效果）。哈蒂教授在元分析中，将"师生关系"列为对学生成就最有效的影响措施，效应量大小为0.72，高于"职业发展"（0.62）、"教学策略"（0.60），也高于学生的"社会经济地位"（0.57）。哈蒂教授在谈及师生关系时，他这样表述："那些创立了积极的师生关系的教师，更有可能对学生的成就产生高于平均水平的影响。"更令人惊叹的是，哈蒂教授在这样的学生身上发现了高度的自我效能感，这是高质量关系产生的积极结果，其影响的效应量为0.92，高于几乎所有其他255种被跟踪的影响因素。这项研究传递给我们的信息十分明确：如果学校里每个教育工作者都有意识地建立学习促进型关系，那么学校就是在努力提升所有学生的学习潜能和幸福感。

所有这些研究成果都说明了有关当今教育和未来教育的一个不争的事实，即教师必须将自己视为学习过程的促进者，而不仅仅是知识的传播者。这种理解意味着，绝大多数教师曾经接受培训的方式及过去对教师的期望如今都将发生重大转变，教师仅仅在讲台上发声、授课是远远不够的。相反，最高水准的教学所应具备的特征是，教师要对学生个体的兴趣爱好或所酷爱的活动有所了解，并基于此，在教书育人活动中，运用支持学生发展的、高质量的教学法和方法论。在检索、算法和人工智能时代，与学生建立积极的、支持型关系，将比以往任何时候都更为重要，这样的关系所产生的积极作用，将超过教师具备的专业知识所产生的影响。

建立学习促进型关系

实现教师这些角色的转变并非易事，却势在必行。教师在角色转变的过渡时期，需要获得领导者们的大力支持，需要投入大量的时间，还需要进行培训。然而，实现这些角色转变最关键的一点是，教育工作者需要理解并采取新的视野，让学生的学习活动建立在学习促进型关系的基础之上。这种新型的学习方式包含以下几种变化：

- 规则是以协商方式确定的，而不是以命令形式下达的。
- 尊重权威，但权威并非不容置疑。
- 学生积极参与学习，而不是被动地和安静地学习。

- 鼓励冒险,而非阻止冒险。
- 失败被视为一种宝贵的学习体验。
- 学生、教师、管理人员和家长理解并接受:对学生取得的进步开展过程性评估,而且这种评估是有意义的、会产生高度的影响力。
- 使用正面强化和奖励方式,而不是采用负面反馈和惩罚方式。
- 教师引导学生学习并给予他们鼓励,而不是简单地传播知识。

平心而论,许多教师已经实施上述这些教学实践,尤其是那些从事特殊教育的教师、天才学生们的教师、从事职业和技术教育的教师、美术教师、教练、体育老师和卫生老师,以及辅导员、教务老师和大学助教、导师等。所有这些教育工作者都有独特的机会与学生建立关系,并与学生密切互动。此外,所有这些角色和教学分工都说明人际关系与学习之间存在重要的联系。在建立学习促进型关系时,各学科的所有教师都必须理解这一点,并在日常的教学中、在和学生互动的过程中,坚持运用一贯的方法。在建立学习促进型关系方面最为成功的教师:

- 了解学生的学业记录。
- 努力识别并对接学生的个人需求和学习方式。

- 在尊重学生的前提下，努力尝试了解所教的每个学生的个人情况。
- 通过关心学生的学业与幸福感，与学生建立良好的关系。
- 在课堂之外自愿履行一些职责，与学生及其家庭建立联系，如为学生提供辅导、建议、陪伴和指导等。
- 与学生进行非正式交谈、倾听学生的想法、与学生分享个人轶事、认可学生的学业成就和课外活动成就，并且让学生总体上感觉到他们关心学生、值得信赖和平易近人。
- 在保持必要的职业距离，避免试图成为学生的"朋友"的同时，展现教师的个人魅力、幽默感、视角观点、同情心和具有人性关怀的品质。
- 培养与同事、家长和社区的关系。

由于教师是与学生接触最为频繁的人，因此在与学生建立积极的关系方面，教师有着最多的机会，也肩负着最重的责任。当教师在师生关系建设方面做得好时，学校方面的有关变量，如学生的出勤率、辍学率、在读率、课外活动参与度、行为问题及整个校园文化等，往往都会得到改善。反过来，这些变量又会直接有助于提高学生的成绩，并且促使学生在未来取得成功，这也是我们所有教育从业者追求的最终目标。

> **专家视点**
>
> 技术确实改变了我们的体验。有些方面会得到增强；有些则被缩减。让我们人类与众不同的，就是我们所开展的各种互动。那些我们在学校、家庭和社区内培养的关系，将直接决定我们集体的成功。
>
> ——凯伦·卡托
> 美国数字承诺教育技术中心总裁兼首席执行官

然而，要想打造真正的学习促进型关系的校园文化，校园里的成年人之间也必须拥有这种支持型关系，而且应该包括所有员工在内，如餐厅管理员、校车司机、图书管理员、有关专家等，尽管他们在校园内的具体分工不同。建立学习促进型关系，是校园里每个成年人都关心的问题，而且，校园里的每个成年人都必须了解为什么人际关系至关重要，以及他们自身在加强人际关系方面发挥怎样的作用。就领导力策略而言，这意味着校园里的每个成年人都需要获得职业发展和支持，这样有助于提升他们在学习促进型关系方面所需的技能。

在校园里，学生也可以成为"老师"，也可以是建立关系的主体。例如，许多学校请高年级学生为其他学生提供建议、辅导和咨询，目的在于加强学习、提升学习效果。一些高年级的学生辅导或指导低年级的学生，一些学生担任同伴导师。有些学校甚至让学生自愿参加"调解小组"，从而帮助解决学生的行为问题或纠纷。因此，虽然人们很容易对教师提出要求，要求教师承担起在校园里建立有意义的人际关系的职责，但现实情况是，这一过程需要成为广泛的校园文化的一部分。为了实现这个目标，我在国际教育领导力中心的同事、哈佛大学教授史蒂芬妮·琼斯与我合作，创建了一个人际关系定量化测评表（Relationship Rubric，以下简称人际关系量表）。它所提供的模型，可用于发展学习相关性和严谨性之间的关系。

人际关系量表

简而言之，人际关系量表是一种用于规划设计及观察、测评课堂中积极关系的框架，该框架目前处在该领域的领先地位。颇为遗憾的是，针对师生关系，能够上手应用的研究成果十分有限，并且，由于关系通常是无形的、难以捉摸的，这样的特性使得针对其开展研究可能非常具有挑战性。

为了创建这个人际关系量表，我们参考了现有的相关研究成果，观察且分析了情况改善非常快的那些美国学校所使用的策略，并且结合我们所知道的关于人际关系的真实情况，以及我们在帮助学生时让他们感觉到被看见、被理解、被重视和被关心的真实情况，最终提炼出了在课堂上建立和培养人际关系的核心组成部分，并且将这些核心内容归纳为三种指标维度，它们分别是脆弱性（vulnerability）、联结（connection）和同情心（compassion）。

脆弱性

脆弱性可能是三种指标维度中最晦涩难懂的一项，但又是最为重要的一项指标。休斯敦大学（University of Houston）教授、畅销书作家布琳·布朗是一位著名的研究人员，她研究的主题包括勇气和同理心等。布朗教授正在引领我们转变思维方式并正确看待脆弱性。尽管脆弱性历来被视为一种消极状态，但是布郎教授的研究表明，"脆弱性是衡量勇气的最精确的指标"，是实现开放心态和成长的有力途径。布朗教授将"脆弱性"定义为"不确定性、风险和情绪宣泄"。脆弱性让我们体验和经历冒险所带来的一切情绪——包括成功带来的积极情绪，以及失败带来的消极情绪。而脆弱性带来的另一面，则是成长、适应力和韧性及无条件的自我价值认同感。面对情绪和处理情绪——而不是回避情绪——我们就可以防止情绪发酵并升级到伤害自己或伤害他人的地步。

最健康的关系（包括在课堂上）是双方即使在脆弱时都感到安全的关系。帮助学生适应脆弱性有两个主要目标：首先是通过帮助学生作为学习者，发展积极的自我认知，让学生对合理的冒险持开放的态度，并且培养学生无论出现什么结果都能坚持不懈的能力（可以回想一下前面我们探讨过的自我效能感这一概念）。其次是帮助学生重新定义情绪。处理情绪和面对情绪，是一种勇敢的有力量的行为，而不是软弱或悲哀的象征。在课堂上，培养学生对脆弱性做积极的赋能式理解，包括以下方面：

- 教导学生，学习是需要勇敢地面对脆弱性的过程，而且在这个过程中，会出现典型的高潮状态（喜悦、满足、好奇等）和低潮状态（沮丧、困惑、为力争有个积极结果而挣扎等）。
- 使用学习型语言（例如，体现成长型思维的语言，卡罗尔·德韦克在其著作《终身成长：重新定义成功的思维模式》中对此有所阐述）。当学生在学习、成长过程中或面对和克服挫折时，教师就他们的情感体验开展对话，从而使学生的情绪正常化，让学生正确认识到情绪的价值。
- 重新定义自己感受到的挫折和失败，视其为一种正常现象、一次成长的机会及一次发展韧性和适应力的良机。
- 教师通过分享自身的挫折和成长故事来揭示脆弱性是什么。

联结

与学生建立联结的目的是建立信任。正如本章前面所提到的，没有信任，我们就无法建立人际关系。研究表明，信任是教师与学生在学业方面和个人私交上建立联结所产生的额外收获，它能够使教师了解学生的兴趣爱好、培养社交能力并了解学生的文化习俗和家庭生活、接触学生的家人等，这种师生之间的联结能够让教师了解学生的强项和弱项、优点和缺点。在课堂上，发展这种师生之间的联结需要：

- 教师尽心尽力、定期了解学生的个人情况。
- 学生认识到他们的兴趣爱好、酷爱的活动、文化习俗及个人情况和家庭生活是与学习相关的内容，教师给予学生机会，帮助学生将这些内容融入其学习任务之中。
- 教师了解学生的弱项和缺点，并且为学生提供满足其个性化需求的支持，接受学生的现状并应对他们的弱项和缺点。
- 学生了解自己的强项和优点，知道如何在学习中利用这些强项和优势，并且在克服弱项和缺点时感受到支持。
- 学生在寻求帮助时，教师要让他们有安全感，不会有羞耻感。

同情心

当我们向他人表达同情时，我们一定要杜绝下意识的判断、减少偏见，要以同理心对待他们。教师如果富有同情心，他们会将学生视为人格健全的人来教育，会让学生感到自己被重视/关心、被倾听和被理解。

教师要富有同情心，就必须有自我意识；他们必须了解自己的偏见所在，并采取措施消除自己的偏见。教师还必须要以同理心引领学生,在面对学生的行为问题时尤其应该如此。同情心实际上可以帮助教师更好地了解学生发生此类行为问题背后的根本原因。当学生感受到教师的同情时,他们就会开始觉得自己有能力克服任何偏见、摒弃那些对自我设限的狭隘想法、克制那些有害的行为模式。

同情心也是减少不平等问题、在教学和学习环境中实现公平性的一种途径。正如我们在第3章中所探讨的关于大脑机制的研究表明,一切学习都与社交和情绪学习息息相关。教学活动如果能够减少对个别学生或某些学生群体的负面看法,就能促进和培养学生的社交和情绪学习能力,并且让学生对他人富有同情心,进而有助于学习。在课堂上,培养学生的同情心需要做到以下几点:

- 在学生出现行为问题时,教师不是条件反射式地采取惩罚措施,而是试图了解学生出现此类行为问题的根本原因。教师不是以"他们有什么问题"的心态来处理学生的行为问题,而是以"他们发生了什么事情"的心态来处理问题。这样做的目的是,避免给学生贴上负面标签,并且帮助学生建立新的、积极的行为模式。
- 教师掌握一系列教授社交和情绪学习能力的教学策略,并且这些策略具有一定的灵活性,以便其帮助学生缓解紧张心理、减少行为问题,并且实时帮助学生减轻压力。

- 学生掌握一些调节自我行为并能帮助自己和同伴减轻压力的策略。
- 学生向其同学表现出同情心。

我知道,以上这些内容听起来可能有些令人费解,也不太容易实施。所以,为了帮助您能够更迅速、更有效地打造学习促进型关系的文化氛围,国际教育领导力中心制定了一个详细的测评量表,阐述了在课堂中成功实施测评量表中三种指标维度(即脆弱性、联结和同情心)的四个水平层次,即起步阶段、发展初期、发展成熟阶段和发展完善阶段。

建立支持型关系的过程和努力,关键在于教师本身及教师如何管理课堂,但是,这一努力过程仍然需要教育界领导者的参与。领导者需要明晰自己的责任,需要发挥强有力的领导力。但是请注意,我们需要的不是自上而下的独裁式学校领导,也不是操练军士的教官型学校领导。相反,在全校范围内营造学习促进型关系的文化和氛围,需要的是一位能够改变校园环境的领导者,以便学生和教师能够共同成长。

领导者的角色

尽管教师对学生的人际关系产生最直接的影响,但是,请不要低估您的角色——或任何其他领导者的角色——你们在营造支持学习促进型关系的文化方面发挥着重要作用,而学习促进型关系又会进一步支撑和巩固"严谨性/相关性框架"。领导者必须肩负起促进整个学校和学区建立建设性关系的重担。例如，领导者在选择教师、支持教师和评估教师时，必须明确考虑教师在与学生建立牢固关系方面的能力。如果不对建立这种牢固的师生关系加以讨论和给予足够的重视，这样的关系是不会凭空产生的。

学校可以是学生友好型的，也可以不是学生友好型的；学校领导可以选择推进学习促进型关系的建立，也可以选择不承认这种关系对教育过程发挥至关重要的作用，从而不力主营造这样的校园文化；学校领导可以选择只宣传发展学习促进型关系背后的理念，但是却不采取任何实际行动来落实这些理念。然而，现在的情况应该相当明了，学生只有在知道老师、家长甚至同学关心自己的表现时，才更有可能以严谨的、一丝不苟的态度投入学习。当他们感受到鼓励、被欣赏和被重视时，才愿意继续投入时间和精力学习。建立良好的人际关系，会使学生产生学习的相关性，即学习的意义，而当学生觉得学习具有相关性和意义时，又会进一步具有严谨性，即学生会以一丝不苟的学习态度投入学习。道理就是这么简单

但是，正如我们很多人都了解的，简单并不一定等于容易实现。

学校领导都要支持教师之间进行通力合作或单独开展工作，以便改善师生关系，无论他们目前的进展是高是低。许多

类型的组织行为都可以培养强大且牢固的关系，例如，在组织内部表现出尊重，通过频繁的接触让学生感觉到"有你在我身边"。其他的培养强大且牢固关系的行为还包括：积极倾听、鼓励学生表达观点，避免对学生进行贬低和奚落，使用积极的幽默，庆祝学生和学校所取得的成就，等等。为了营造一种文化，从而培养对于学生和教职员工而言都有益的关系，这些都是关键因素。其他对人际关系产生积极影响的支持性举措包括：

- 辅导。
- 奖励、认可和激励。
- 咨询计划。
- 与商界的伙伴关系。
- 服务型学习和社区服务。
- 课外活动和拓展活动。
- 以家庭为基础开展的活动。
- 运动。

所有这些举措都有助于建立人际关系，并且认可学生所真正热爱的事物和活动；有助于增强学生的积极性；有助于提高学生的自我效能感；有助于培养学生的文化意识，让学生对他人心怀敬意，有宽容心和理解力。以下支持性社会架构也有助于建立学习促进型关系：

- 社区学校。
- 小型学习社区。
- 循环跟班教学机制。
- 团队教学。
- 专业学习社区。
- 职业和技术教育，以及艺术课程。

师生之间牢固的、相互支持的关系并不是灵丹妙药，它也无法解决当今社会所有的问题——包括焦虑症、家庭问题、情感创伤或校园里其他任何负面问题等。但是，牢固的、相互支持的师生关系却可能是应对诸多挑战最为有效的补救措施，而且它属于一种预防性措施，特别是，如果您可以让上面列表中排在第一项的支持性社会架构，也就是让整个社区参与进来，发展和培养积极的学习促进型关系，则更能预防问题的发生，或者有效地应对诸多挑战。

社区参与

社区学校是一个统称，指的是学校为了学生和学生家庭的最终利益，而战略性地调动社区力量广泛参与教育活动。社区学校的目标是扩充或创造服务，从而支持学生取得学业成就，解决学生的身心健康问题，并且为家校互动提供更广泛、更便捷的方式。为了实现这一目标,社区学校的战略通常是发现和利用社区内尚未开发的资源,例如,当地政府和州政府机构和服务部门、非营利性服务提供商、高等教育机构、慈善机构及企业等提供的资源。

对于许多学生而言,社区学校让他们感受到被真正关心的快乐,因为不仅是学校,整个社区都在关心他们。这种快乐来源于,当学生求学及参与学校活动的障碍被扫除时,他们所感受到的自由;当学生的身心健康需求得到满足时,他们发现自己其实是热爱学习的。这种快乐也来源于教育工作者所感受到的工作积极性,因为当学校领导利用社区资源时,教育工作者的工作效率得以提高,而且他们的学生能够更加主动地参与课堂活动。对于社区成员而言,为学校服务或与学校合作会给自己带来一种特别的成就感,因为学校想方设法支持所有家庭参与,并让这些家庭感到自己在校内是受欢迎的、是被学校需要的。总而言之,社区学校为所有人,即教育工作者、学生、学生家庭和社区成员,都创造了参与的机会,让他们每一个人都能对学校感到自豪、都能表达对学校的关心和都能具有主人翁意识。

社区学校设法满足学生的需求——满足更多学生的需求、更频繁地满足学生的需求——以便在最大程度上发挥学生的学习潜能。这样的社区学校战略是有道理的。相较于其他面向儿童的机构或服务,学校是孩子们度过大部分时光的地方,尽管学生也与校外服务提供机构的其他成年人有互动,但这些成年人往往对学生的需求只是有限的了解。校内教职员工等成年人对学生的需求有更广泛、更全面的了解,进而可以与学生及其家人建立密切互信的关系。

> **专家视点**
>
> 有一点至关重要,那就是,教育工作者应将学校视为社区中每个人都有权享有的资源。当我们这样做的时候,就可以提供一个建立更牢固关系的中心场所,从而真正帮助学生及社区家庭取得成功。
>
> ——玛丽·艾伦·埃利亚(Mary Ellen Elia)
> 国际教育领导力中心高级合伙人、纽约州前教育专员

当社区学校富有创造力且资源丰富时,它就可以为学生整体上获得幸福感做出贡献,并且可以全天候地为学生提供持续学习的资源和支持。换句话说,社区学校可以在不同程度上影响学生整体健康的方方面面,从而影响学生能否充分投入学习,具体包括:为学生提供均衡营养、医疗保健、精神卫生保健,让学生在校期间及课后都可以进行符合严谨性和相关性标准的学业学习,以及让学生拥有良好的睡眠、获得干净的衣物,还包括为学生的父母提供支持,帮助父母更多地参与孩子的学习。

当教育工作者认为校园建筑及资源不会随着三点钟的放学铃声响起而消失,学生更多的需求就可以更频繁地得到满足。例如,位于纽约市郊的扬克斯(Yonkers)有一所学校在其校园内专门为学生及其家人开设了一个健康诊所。学校与当地一家医院合作,医院招募了一个由医生、执业护士、心理学家和牙医组成的小型团队,周末会在这个校园内开设的诊所给人看病。医院支付医疗人员的工资,来校园诊所问诊的患者可以使用医疗补助支付相关费用。

校园诊所周末营业,让学生的家人能够获得护理(包括心理健康护理),而这些护理是他们以前由于同时做几份工作,经常无暇顾及而不得不放弃的。在国际教育领导力中心,我们看到也有其他学校根据社区的特殊需求,在不同的时间开设平行班课程,如利用一个工作日、一个工作日的晚上、再加上周末中的一天等。我们还看到有些学校与所在州的心理健康机构合作。有时,来自州心理健康机构的心理学家,每两三周花一天时间在学校为学生提供心理咨询。在其他情况下,如果由于地理原因不便,心理学家可能会通过通信工具与需要获得心理健康护理的学生(集体或单独)进行沟通。

针对家长参与孩子教育而开展的研究,其结果是十分明确的:当家长投入到子女的教育时,孩子会学到更多的知识和技能,并且孩子会将自己视为学习者。遗憾的是,难免有些因素会妨碍很多家长，使其无法参与子女学校的活动。这些因素可能包括：学校开会的时间和会议地点不方便、存在语言障碍及其他更基本的因素，例如，因缺乏干净的衣服而深感为难等。除了帮助家庭在生活方面更有尊严、更健康和更舒适，社区学校计划通过两个关键方式帮助家长参与家校互动。其一是使家长对学校产生正面感觉，即让家长将学校视为不仅有利于儿童学习的地方，而且也是有利于孩子及其家人提升整体幸福感的地方。其二是家长对来学校通常感到忧虑或有心理负担，这种情况并不少见。这可能出于很多原因，其中包括他们自己在教育方面有过糟糕经历、最近失业或成为无家可归者。当学校提供实际服务来满足家长的基本需求时，他们感觉亲自去学校参加活动会更自在。随着时间的推移，这一点几乎总是会激励家长以其他更直接的方式参与家校互动及投入到孩子的教育中。

以上这些只是列举了社区学校在建立人际关系方面的一些优势，包括建立师生关系、同学之间的关系、家校之间的关系等。上述解释应该让您很好地了解了社区学校在支持学生及其幸福感方面的力量。因为社区学校能够产生积极的影响，从而改善教学和学习的几乎所有因素，所以，社区学校最能体现组织领导力、最有利于发挥建立积极关系的作用。

我相信，面对日新月异的技术和日益激烈的竞争，我们需要重新思考如何应用严谨性/相关性框架。它不再是曾经的三个"R"之间的关系，即相关性创造严谨性，然后还需要建立良好的人际关系。相反，人际关系必须位居三个"R"的首位。是的，相关性仍然会带来严谨性。但是，随着许多情况变化影响我们的学生、我们的学校、我们所处的世界及我们的学习方式，如果一开始不与学生建立支持性的、高质量的关系，那么，几乎是不可能确立相关性的。无论是现在还是未来，教育工作者都需要知道，什么对学生来说是重要的——什么可以激励他们、他们关心什么及什么能让他们与外界的人和事有联结感和存在感。只有这样，我们才能引导他们真正一丝不苟地学习。

未来应该汲取的经验和教训

- 21世纪的教学不仅局限于传授事实或常规技能。相关性使严谨性成为可能。相关性和严谨性相结合，会带来生活上的成功。但是现在我们知道，还有另一个"R"也就是"人际关系"，它居于三者之首，使相关性成为可能，继而，相关性又使严谨性成为可能。
- 对于许多学生而言，学校通常是他们建立和培养人际关系的主要场所。教师是学生日常在学校里最频繁接触的成年人，但是，人际关系也可以是与同学、队友、管理人员、教辅人员或学校中的其他成年人之间建立的。每个人都需要为建立牢固的学习促进型关系做出贡献。

- 积极的、高质量的人际关系能够增强学生的内驱力；创造学生的被接纳和被信任的感觉及让他们有归属感；提高学生的自我效能感；帮助发展学生的社交和情绪学习能力。这些都是促进学习的关键性驱动因素。
- 在课堂上建立和培养人际关系的三个核心指标因素是：脆弱性、联结和同情心。建立这些因素，有助于学生感觉被看见、被理解、被重视和被关心。
- 尽管教师与学生的互动最多，但是，学校领导必须大力支持积极关系的发展。他们可以通过指导、咨询计划和合作伙伴关系等举措，或者通过学习社区、教师共同体及社区学校等社会结构来落实相关的支持性举措。

反思工具

日　期：_____

小组会议前：

本章中哪些想法引起了您的共鸣？您有任何疑问吗？

_____
_____
_____
_____

回顾本章中"未来应该汲取的经验和教训"部分。您希望作者还谈及其他哪些主题?

_____
_____
_____
_____
_____

小组会议期间:

小组会议期间,小组成员提出了哪些重要的想法?

_____
_____
_____
_____

您从会议讨论中吸取了哪三个方面的关键信息?

1. _____
2. _____
3. _____

小组会议后：

请您对会议中讨论的内容进行反思。它是否改变了您的观点？如果是的话，又是如何改变的？

_____
_____
_____
_____

为了有助于实现教育的发展演变，您下一步拟采取的举措是什么？

_____
_____
_____
_____

补充说明

第 5 章　面向未来，而不是聚焦眼前

预期研习成果：

- 理解对我们现有教育系统进行渐进式改良（即聚焦眼前），以及使现有教育系统变革转型（即放眼未来）之间的区别所在。
- 重新思考我们如何规划未来，包括如何设定适当的目标、运用技术及制定预算。
- 确立和开展切实可行的最佳变革实践。

研习主题：

- 本章以火车和飞机为例来说明聚焦眼前的思维和放眼未来的思维之间的区别。您能联想到教育中的相关例子吗？哪些因素阻碍我们的学校未能放眼未来？
- 本章中，作者邀请您对自己作为教育工作者的实践进行实际检验：如果您是一名教师，您是否按照您在学生时期所见证的模式来开展您的教学？如果您是学校管理人员，您

是否遵循您作为学生时所观察到的校长采取的管理标准和程序？如果您的回答是肯定的，您如何能够摒弃这些方法，从而变得更富有开拓精神？

- 想象一下，您所在的学校如果落实零基预算法（zero-based budgeting），学校会是什么样子？您愿意将预算用来支付哪些费用，为什么？您又会砍掉哪些方面的花销？
- 请查看成功实践网和美国学校管理者联合会对缅因州镇高中（Maine Township High School District）开展的案例研究。该案例研究中的学区，对于不断变化的人口结构情况所做出的应对策略，为您带来了什么启示？

行动步骤：

- 演变式改革不会在一夜之间发生，尤其是当预算和教育规划受到合同、政策和法律等的限制时。那么，如何才能推动这样的变化？在上述这些限制范围内，您的学校是否有一些可以进行创造性思维和实验的回旋余地？请您明确可以在哪几个关键方面设定新的目标。
- 采取一项行动，提升您所在学校对《让每个学生成功法》（*Every Student Succeeds Act*，ESSA）的了解。

1903 年的前 11 个月，绝大多数美国交通专家都在专注于发明速度更快的火车，以便改善和扩充美国的铁路运输服务。

对他们而言，为满足处在快速发展中的美国运输业的需求，最明智的方法是对既有铁路系统进行渐进式改良。

随后，1903年的最后一个月，来自俄亥俄州的一对兄弟锁好他们的自行车店，踏上前往北卡罗来纳州的旅程。1903年12月17日，兄弟俩在北卡罗来纳州的基蒂霍克（Kitty Hawk）乘坐了他们自己发明制造的"莱特飞行器"（Wright Flyer），这是人类历史上第一台由动力驱动的飞机，并且在人的操控下持续飞行。

那一天，他们改变了交通世界。

当时的火车工程师们尽职尽责，但是，他们仅仅只是聚焦眼前。他们想让既有系统尽可能高效。然而，莱特兄弟则着眼于未来，他们想改变交通方式，并且将其带入一个全新的方向——这个方向就是发明一种可以在天上飞的交通工具。

很多教育界人士恐怕都和20世纪的那些火车工程师们一样。我们继承的既有教育系统，曾经也做了一些了不起的事情，所以我们认为，通过调整既有系统里的一些标准，或在它里面添加新计划或干预措施，就已经是在竭力地为下一代提供最好的教育了。我们认为，只要沿着既定轨道前进，今年在去年所做努力的基础上逐渐改良，自己就已经成功了。

但是，正如本书前面几章所阐明的那样，我们不能沿着既定轨道一直走下去。随着社会变革和技术发展，这些既定轨道已然成了死胡同。相反，我们需要向未来迈出一步，我们需要"飞翔"。当我们分析和规划21世纪的世界所需要的教育变化时，作为教育工作者，我们应该着眼于未来，而非只是努力让情况比以前稍微改善一些。我们希望的不是从一个曾经成功但却已经过时的系统中拼命推高2个或3个百分点的考试成绩。我们寻求的是能够改变游戏规则并带来全新结果的创新型解决方案。

站在悬崖边，希望所有的计划和考量都正确，这一点从来都不容易。但是，这样的结果——冲向云霄翱翔的、反重力的结果——绝对值得尝试。当我们意识到聚焦眼前实际上是一个陷阱，而不是一种解决方案时，我们就可以将自己解放出来，规划和实施新方法，最大限度地提高参与度、增加应用，并且让学生准备好迎接不确定的、竞争更激烈的未来。

聚焦眼前的陷阱

并不是说，我们决意缓慢地向前迈步，而不将目光投向新的可能性。毕竟，大多数学校都按照预期且踩着时间节点向前迈进，尽最大努力为学生服务。但是，当这些学校取得一点点成效时，它们往往也错过了更远大的图景。那么，我们为什么还要继续修修补补和微调实际上急需改造转型的教育系统呢？一方面是因为，每年我们除了学业负担和行政负担之外，还会新增很多工作职责。人们日益期待每一位校园工作者都能做得更多，而且往往是期待他们用更少的钱干更多的活儿。管理人员不仅需要投入大量时间来提高学生的学习成绩、监督考评员工和应对校园安全问题，而且还需要解决越来越多的学生心理健康问题。正如前几章所讨论的，许多学生都出现了心理问题和行为问题，需要对他们多加关心和关注，相比十年前，这方面对教育工作者的预期要多得多。

这种聚焦眼前的方法在我们的社会生活中俯拾皆是，从农耕社会时期的校历，到我们目前沿用的学校日常教学作息表。当然，这就是我们体验校园的方式，也是学生家长体验校园的方式。但是，如果继续坚持这些常规做法，会阻止我们迈出更大的步伐、实现更大胆的飞跃，而这种飞跃是将我们的学生成功地带入21世纪，应对21世纪的挑战和严酷环境所必需的。

众所周知，教育系统应该——实际上必须——改变，以帮助学生取得成功。然而，我们年复一年地采取的是聚焦眼前的模式。为什么我们还不够深谋远虑，转型为放眼未来的模式？以下是我们无法为放眼未来模式采取必要措施的根本原因：

- 美国联邦和各州立法都使我们注重传统评估方式，并且将我们束缚在传统文化、架构和规则之中。
- 我们对于"学校究竟应该是怎样的"抱有信念——有些甚

至可能带点怀旧色彩。教师和家长在20年或30年前，在满足他们当时需求的教育系统中做得很好，但他们现在不太愿意冒险尝试全新的事物。"以前对我可是管用的"，是从现在起就不应该出现在学校董事会会议中的一句话！

- 我们不愿意付出相当大的努力来改变看似"好的""相当好的"或至少是"足够好的"教育系统。
- 在强化和奖励服从规则、遵守规则的系统中，很少有人始终愿意振臂高呼，对未来做更大胆的构想。
- 尽管立法者认为，我们可以对当前教育系统的许多方面进行修修补补，但他们尚未能够通过成功立法来鼓励创新。因此，我们有责任在学校引入创新机制。

以上这些都是顽症，其顽固程度令人惊讶，它们扼杀了学校开展真正改革的努力，并且迫使大多数学校领导只顾聚焦眼前而不是放眼未来。

用心良苦，改革失败

几乎每年都有新闻报道称，某位聪明的、用心良苦的理想主义者着手改革教育，但以失败告终。改变教育系统之所以如此困难，原因有很多。我在这些失败的改革故事中经常能发现一些共同之处，只要您仔细观察，就会发现，这些改革者中有许多人并没有考虑学校的结构性"规律"和文化"规律"，也没有考虑到教师和学生之间固有的不对称的权力关系，这种关系至少在两个世纪以来一直是税收资金支持的公立学校的特征。

> **专家视点**
>
> 许多人都有这样一种感觉：学校运作良好，是我们的教育系统让美国变得伟大。但是，我们不能继续沿用以往的教育方式。学校需要一种创业型文化。我们需要成为变革的推动者。
>
> ——雷蒙德·J.麦克纳尔蒂
> 佛蒙特州前教育专员
> 国际教育领导力中心高级研究员
> 成功实践网总裁

每节课42分钟；老师在课堂上提问的次数远远多于学生提问的次数；教科书、家庭作业和频繁的测试——这些特征就是耶鲁大学教授西摩·萨拉森（Seymour Sarason）所称的学校教育的"规律性"，这样的特征和规律在一代又一代的人之间延续着。我们很容易低估当前学校结构和文化所具有的力量，然而，这是很危险的。改革的发起者很少考虑到，他们想要改造的机构具有内在稳定性。

获得晋升或被学校处分？

为了更好地理解上述思维陷阱及学校在教育规律方面的局

限性，让我花点时间举一个简单的例子，即技术发展的速度远超教育规范的发展。以下例子阐明的是，过时的模拟技术教育是如何辜负我们的数字原住民（digital natives）㊀的：想象一下限制学生使用谷歌搜索答案的情况，以及我们禁止学生以短信向同学分享答案的规定。在目前的学校规定中，我们称这些是什么？没错，答案是作弊。

但是，事实果真如此吗？任何花一天时间设计、生产或领导团队工作的人，都会通过谷歌搜索信息，并且与同事分享这些信息。这些是21世纪取得成功必备的技能，即利用可获取的资源寻找答案并在团队中高效协作。为什么那些能让我们在工作中获得晋升的技能，却会导致学生在学校受到纪律处分？原因就是，除了过时的模拟方式之外，我们还没有找到一种教育数字原住民的方法。我们需要重新思考应该如何使用技术，如何利用技术让学生为他们将要生活的世界，而不是我们曾经生活的世界做好准备。答案就是，教育必须是放眼未来的！

但是，我们如何才能实施这种新型的放眼未来的教育呢？

㊀ 数字原住民（digital natives）也译作"数字土著"，用来指代那些在苹果公司于1984年首次推出苹果个人计算机（Mac）之后出生的群体。该术语由美国学者、著名教育游戏专家马克·普伦斯基（Marc Prensky）所创造。数字原住民在学校有专门的计算机基础课程，在家拥有个人计算机，甚至手中也时刻拿着智能手机或平板计算机。——译者注

新焦点：新思维

为了体现这种对未来的关注，我们首先需要一种全新的、以成长为导向的思维方式。"成长型思维模式"（growth mindset）这一理念，是斯坦福大学教授卡罗尔·德韦克在她的畅销书《终身成长：重新定义成功的思维模式》中所提倡的。我建议您阅读这本非常不错的书，以获取更多的关于成长型思维模式的信息。现在，让我们一起来看看，您的心态是如何影响您规划和实施变革的。在每一个教学日，如果出现了挑战或状况，当您开始处理它们时，您可以先问自己这两个问题：我是否在放眼未来？我是否以成长型思维模式教学，还是在故步自封、自我设限？

为了真正体现成长型思维模式，我们必须本着长期规划的心态来构想解决方案、策略和建议，也就是要超出我们平常一年或两年的规划周期。我们必须做好准备，预测未来最需要哪些知识和技能，也必须始终牢记，教育需要放眼未来。为启动此类变革，以下是几个关键要点。

自我认识（Temet Nosce）

现在摆在我们眼前的一个现实问题是，今天在学校工作的所有人接受的都是过去的教育，而且我们中的绝大多数人都是美国教育体制的产物。我们小时候都非常喜欢上学，因此，最终才选择将从教作为自己的职业，以便置身于我们喜爱的校园环境。我们上大学时有所在"学院"、有主修专业，大学毕业后，我们最终重返校园，希望能像自己的老师当初为我们所做的那样，对学生的生活产生影响。

教师职业虽然崇高，但它也容易使教育工作者因循守旧、墨守成规。为了解现实情况，您可以快速地问自己以下几个问题：如果您是一名教师，您现在所教的内容是否与您学生时代所学的一样多？如果您是管理人员，您的工作方式是否与您学生时代的校长的工作方式大致相同？如果答案是肯定的，那么说明您的视角和工作方式还停留在过去，即使您可能意识到自己应该着眼于未来开展教学和管理工作。

但请不要绝望。坦诚地面对这场现实与过去的冲突，您就成功了一半——也许是最重要的一半。如果您能承认自己现在的思维模式更倾向于聚焦眼前而非放眼未来，我赞扬您勇气可嘉。

当您意识到自己不想让学生为过去的时代而做准备时，您就会知道自己已做好改变的准备。如果您可以与同事、上级和/或下属一起铆足劲头改变现状，您将跳出既有规则、法规、认证、条款和正式法律协议束缚的教育体制。您将不再是这种因循守旧、墨守成规的体制的一部分。有了这种新的心态，您就能够以更饱满的创业精神和心态展望未来，并且为成长做好适当的准备。

这种创业精神和心态，对于您采取什么方法处理所在学区和学校的组织、决策和行动至关重要。它将把您和您的同事解放出来，使你们不再受困于过时的教育体制的条条框框。当您开始在自己的课堂、学校或地区表现出企业家精神时，您就已经开始向学生示范和展现他们将来在生活中和在职场取得成功所需的创业态度和创业干劲。

押注：长线投资

当您努力从固定思维模式转变为成长型思维模式时——也就是从聚焦眼前转向放眼未来——您的目光就会从眼前的轨道上移开，让自己瞩目未来。我们长线投资，需要三年五载，甚至八年的时间。然后，我们要设计一个教育体制，关注学生在那个时候必须知道什么、做什么，这样才能在这个以技术、信息为基础，快速变化的社会中取得成功。

关键是要记住一点，不破不立，如果不愿意放弃过时的教育体制，您就不能建立新的体制。着眼于未来的方法和使命，就是要扫清实现更远大愿景的一切障碍，使教育对学生有意义和有价值。

激励终身学习

我在本书第 2 章中已经简要地谈及求职和职业的演变，但是，还是请您快速浏览目前深受年轻专业人士欢迎的十类工作：

- 社交媒体经理
- 播客（podcaster）
- 应用程序设计师
- 人工智能/聊天机器人程序（chatbot）文案编写员
- 网络红人（influencer）
- 计算机影像合成（CGI）插画师（illustrator）
- 搜索引擎优化（SEO）内容写手
- 油管名人
- 无人机摄影师
- 电子商务设计师

您注意到这些工作有什么特点了吗？

是的，这些工作都以某种形式的技术为依托。我此前一直在寻找的答案是，这些工作在 20 年前一个都不存在。

这就意味着，对于目前许多从事这些工作的年轻人，当他们还在读幼儿园时，他们的老师都无法为他们今天这些工作做好准备。为什么？因为当时根本不存在这些工作。20 年后又会出现哪些新工作呢？我们无从知晓。因此，与其让孩子们为一份确定的工作或一系列工作做好准备，不如让他们为不确定的职业生涯做好准备。我们需要培养他们成为敏锐的思考者和训练有素的协作者所需的技能。因此，我们需要帮助他们成为终身学习者，让他们能够随着职场要求的变化而进行自我调整，并取得成功。

> **专家视点**
>
> 　　教育从业者在重新思考学校教育方面犹豫不决，即使是在面对一些我们知道自己能够加以改善的基本问题时。我们知道，并非所有科目都需要投入相同的学习时间。现在可以利用技术来构建学生的个性化时间表，并且让所有学生每天都可以享有不同时长的学习时间。但学校对实施这些创新举措却犹豫不决。
>
> 　　　　　　　　　　　　——大卫·贝恩（David Bain）
> 　　　　　　　　霍顿·米夫林·哈考特出版公司
> 　　　　　　　　主管学术规划与分析的副总裁

用名人堂（Hall of Fame）教练约翰·伍登（John Wooden）的话来说，"未能让我们的学生为不确定的未来做好准备"，就如同"让他们准备在不确定的未来中失败"一样。我们必须专注于教我们的学生如何学习，而不是奖励他们遵守已然过时的、不再适应他们需求的教育体制。如果我们能够让学生对学习保持热爱，并且培养新一代的终身学习者，我们就能培养出能够在职场所向披靡的新一代，无论他们将来从事什么职业。

改革前行路上最大的障碍——预算

我一次又一次地看到，预算对很多学校而言，是它们在 21 世纪运转良好的障碍，这一障碍往往难以逾越。

更准确地说，难以逾越的障碍是制定预算背后的思维模式，即认为预算每年或多或少都是固定的思维模式。基于上一年的预算开展工作，会在财务方面和心理方面设置障碍，从而扼杀创新，无法实现真正的变革。大多数学区和学校在计划来年的预算时，都从审视上一年度的预算着手。我们会考量目前的教室状况、教师和教学计划，这些是我们做预算的出发点。然后，我们会思考保证预算到位需要多少成本。通常，每年的教育成本会增加 2% 或 3%，因为考虑到总体通货膨胀的因素，预计一般会导致成本上涨 1~2 个百分点，另外合同成本会再上涨 1~2 个百分点。

在哪里可以获得资金来冲抵这些增加的成本呢？

合同费用是我们无法削减的，因此，我们就会把心思放在那些所谓的非必要开支上。遗憾的是，这通常意味着我们会削减所谓的"不太关键"的支出，如教师职业培训费用及相关的旅行费用，然而，这些实际上是实现学术卓越的"关键"支出项。

如此这般，就完成了预算工作。我们会制定与上一年相同的预算计划，因此，也会获得与上一年相同的结果。可悲的事实是，如果认为预算必须年复一年地保持不变，那我们永远也无法获得实现真正创新、改善和发展所需的资源。

基于过去构建的未来

当我们从上一年的预算着手时（实际上是前年、大前年、大大前年的预算，依此类推），我们在心理上和经济上都无法保持创新精神，也无法做到放眼未来。相反，我们以固定的思维方式执行预算，只寻求在上一年的基础上，有微小的、渐进式的改良。这就是基于过去构建未来的含义。这就是问题所在：我们在做年度预算时的心态是，最好的预算就是基于上一年度已经制定的预算做出的。我们习惯相信，预算或多或少都是不容更改的。因此，我们专注于已有的预算列表，对一些表单选项进行微调，并且尽最大努力提高预算资金。预算是支持和资助创新所需的宝贵资源，我们应该本着这样的理解制定预算，对吧？听起来相当不错，但执行起来很艰难。

为帮助您解决这个预算难题，以下是我提供的一些具体建议。

零基预算法：成长型思维模式下的终极预算

在财务规划时采取零基预算法，将会使您的组织从过去和年度"修修补补和小打小闹"的程式中解放出来，而这种程式已成为大多数学校和地区进行年度预算的特征。人们年复一年地如此开展预算工作，每年都会进行一次预算清零和重置——一次创设新目标和制定新预算的机会，然后以此为基础进行规划（请记住，您进行的是三年、五年或八年的长线投资）。"投资百科"（Investopedia）将零基预算法定义为：

依据这种预算方法，必须证明所有费用在每个新的财年都是合理的。零基预算法是从"零基"开始的，组织内的每个职能部门都针对其需求和成本进行分析，然后围绕下一个时期的需求制定预算，无论该预算是高于还是低于上一个财年。

一段时间以来，私营企业中那些最着眼于未来、处在行业前沿地位的企业均采用零基预算法，这些企业将其作为提高效率和促进创新的工具。现在试着想象一下，如果您和您的同事以上述领先企业同样的方式运作，如果您必须每年为每笔费用提供合理解释，该怎么办？这些费用支出项中，有哪些是您真正想要努力争取预算的？又有哪些是您愿意削减掉的？零基预算法在规划过程中是符合逻辑的，而且关注的是未来需求，它确保所有的费用支出都是有意义的，并且所有这些预算支出都是对未来的投资，而不仅仅是职工福利费（legacy costs）○或过去的投资。这种思维方式可以提高效率，因为它促使组织削减那些不再满足其当前目标需求或者满足学生未来需求的费用。

然而，零基预算法的真正强大之处在于，它是建立在关注大目标和有意义的革新基础之上的，它的强大之处还包括为实现这些目标和革新，将所需的创新步骤、系统、架构和人员配备纳入考虑。这个过程本身就鼓励持续的目标导向型和创新导向型思维模式。试想一下，如果开始制定预算的时候不是询问这样的问题："保持去年的预算到位需要多少成本？"相反，而是询问："我们现在需要做什么和改变什么，才能让我们学校的每位学生为其将来在职场中取得成功而做好准备？"结果会如何？

就第4章中详述的"严谨性/相关性框架"而言，如果从上一年的预算着手制定下一年度的预算，几乎可以肯定的是，来年的规划范围不会超出图4-1中的象限A和象限C，

○ 职工福利费（legacy costs）是公司成本中与员工医疗健康或其他员工福利有关的部分，这些成本持续存在，增加公司的支出，但是不增加公司的收益。养老金计划是主要的职工福利费支出项。——译者注

也就是对于知识的基本理解和知识本身。围绕象限 A 和象限 C，我们受到监管、接受认证、受到聘期和合同方面的约束，因此，我们将所有财务资源用在这些优先事项上，并一而再再而三地发现，自己心有余而力不足，无法为图 4-1 中的象限 B 和象限 D，也就是应用和适应提供资金支持。

这种方法可能在以前是足够有效的，那时候，学生为考上大学而做准备，以及他们读大学时为职业做准备，这两者之间几乎没有什么很大的不同——记住事实和采用一些简单技能，就足以在升学时和在职场中出类拔萃。甚至在以前，这种方法也可能是奏效的，当我们把经培养的学生输送到大型公司时，专业知识就是他们取得成功的关键因素。但是，必须清楚的是，今天的世界与过去大不相同。如今，学生需要创新型课程和教学方法，以使自己专注于图 4-1 中的象限 B 和象限 D 内的技能，进而让自己在真实的世界中游刃有余、从容应对。

在这一点上，我想你们大多数人都会同意我的观点。但是，如果出于某种原因，您仍然不认同我的观点，请读读下面这则令人惴惴不安的故事。

我那发霉的、落满灰尘的教科书

为了说明制定预算和规划时采取僵固的思维方式，会使教育工作者陷入"严谨性/相关性框架"的象限 A 和象限 C 而无法自拔,我在此处分享一个令人深感不安的故事。早在1985年我担任"纽约州教育厅"(New York Education Department)厅长时,我与他人合作编写了《明天的技术》(*Technology for Tomorrow*)这本教科书,该书由西南出版社(South-Western Publishing)出版。

  直到今天,我仍然从这本书的销售中获得版税。值得注意的是,这就意味着在这个国家的某个地方,教师和学区正在订购《明天的技术》这本书,并且在课堂上使用它,尽管这本书的出版时间比谷歌成立还要早10多年、比苹果手机推出要早20多年。

  我希望我当年撰写的文字是永恒的经典。但是,我知道事实并非如此。今天再翻阅这本书,就像在阅读一块古老的石碑。我曾经编写的教科书,竟然在今天的课堂中还在使用,这太令人震惊了!为什么竟然还有学区认为,20世纪80年代上半叶出版的内容对现在的学生还有意义?在我看来,这简直匪夷所思,而对学生而言,则太不公平了。这只是一个例子,可以说明教育工作者在制定预算和规划时是盲目的,对学生为未来做好准备时最需要什么工具和体制,没有进行全面分析。

如何实施变革——实事求是

读到这里，您可能会想，怎么可能采用一种全新的编制预算的方法？您考虑到这个问题是对的。尝试改变一下校园目前的作息时间表，如此简单平凡的一件事，都被证明是徒劳的，我们真的感到十分沮丧。我们又怎么能期望彻底推翻整个预算编制过程呢？

答案是，我们不能——至少不能一下子全部推翻，也无法直接推翻。我知道预算和教育规划受到合同、政策和法律的约束。我也知道由于认证要求，对于谁在何时、何地教授什么课程及如何教授课程都有实实在在的限制。但是，即便如此，我们还是有办法改善现状的。我鼓励您在可以做出改变的地方、在可以推动过程演进的地方进行试验。这里有一个关键点：对大多数人而言，渐进式演变往往令其感到更舒适，威胁性更小，因此更有可能取得成功。您可以在有回旋余地的地方与那些愿意进行试验的人一起努力。您要有耐心，更要慎重，要大胆，更要心细。您可以迈小步子慢慢来，计算和防控风险，但务必要从某个地方着手，推动改变。下面，我将提供一些关于如何着手启动的建议。

最具创新性的学校带给我们的启示

美国那些进步非常快的学校的共同特点就是找准某个突破口着手推动变革。多年来，我有幸与那些具有高度创新性的学校开展合作，而且它们已经找到了突破口，知道从哪里可以打破规则及如何打破规则。这些学校坦承，当旧体制不奏效时，它们就开始尝试新体制或新策略。当然，这些学校不会在突然之间这么做，也不会一下子改变一切。这些学校的与众不同之处在于，它们以摆脱困境这一可控目标为突破口，并且知道要摆脱惯性的束缚，只需迈出一步——任何一步，无论步子多小。这就意味着，根据公认的情况，采取某种行动，必须思变，这样才能使学校或学区得到改善。

> **专家视点**
>
> 我们有一项研究成果表明，教师如果觉得自己没有被赋能，他们的教学就很难有创意。但是，教师越觉得他们能够运用技术发挥创造力，就越会让学生投入学习。当您为未来制定规划，使并使教师熟悉和认可这些规划，使他们可以在课堂上进行创新时，神奇的魔力就会出现。
>
> ——*汤姆·马特森*（Tom Matson）
> 盖洛普公司
> 高级执行领导战略师

究竟应该如何开始？请您与主要团队成员一起坐下来商谈，反复询问他们，哪里有可以突破的地方，可以进行实验。不要轻易放弃，直到您至少找准了预算中的几个领域，在这些领域您可以摒弃旧的规范，并设法加入一些新目标，然后安排预算并调整系统和结构，以实现这些新目标。

我建议从排名在前三分之一的教育工作者开始，这些愿意卷起袖子加油干的教育工作者有应对新挑战和实施真正变革的愿望和态度——让所有人参与，但是您要在整个过程中发挥领导作用。您了解这部分排名在前三分之一的教育工作者，他们有热情，愿意探索新的解决方案或尝试新的概念，他们是富有创造力的人，是无所畏惧的人，并且可以成为引领他人走向变革之路的领袖人物。

通常情况是，一旦这前三分之一的教育工作者加入，并且转型采取新的更为高效的方式，随后，排在中间的三分之一的教育工作者——这批谨慎的"持观望态度"的人——会对新变化产生好感和热情，也会加入进来，推动变革。千万别误解，您要知道，实际上这批观望着的人对于推动变革是很重要的。他们属于那种想要放慢步伐以稳妥地处理事情的人，并且对于任何新的想法他们都会仔细斟酌。这也意味着，您麾下许多更为谨慎的员工，会听取排名在前三分之一的教育工作者的意见且效仿他们。从本质上讲，这个群体是有好奇心的，一旦变革被证明是切实可行的，他们会愿意尝试新的思路。

最后剩下的三分之一的教育工作者是顽固的群体。他们固执己见，有自己的行事方式，所以不乐意变革，希望您不要去打搅他们。即便如此，如果他们中的大多数人发现自己身处明显的少数反对者中，还是会屈服并接受改变的，其余的则依然我行我素。因此，耐心、谨慎地执行变革，并且施加微妙的压力，通常是赢得这个群体的制胜策略。

"孤星之州"的创新实践

如何逐步摒弃陈旧的体制，并用创新设计后的新体制取而代之？关于此，得克萨斯州的创新学区概念，可以为我们提供极佳的灵感来源。得克萨斯州的创新学区计划创立于2015年。根据该计划，一些被选定的地区有资格享有豁免权，不受一些州法约束。参与该计划项目的学校，在规定的授权范围内，可以自主决策，从而大大提高了这些学校的办学效率，并且有助于它们更好地为学生服务。这实际上意味着这些被选中的地区：

- 在确定适合学生的教育模式和教学模式方面，获得更大的掌控权。
- 享有一定程度的自主度和灵活性，但是也落实问责制，具体依据规范教育计划的得克萨斯州法律。
- 可以富有创造性地、开放地思考和采取行动，而不受某些标准、合同和认证要求的严格约束。

这是一项重要的法律授权，为学校提供了强有力的新工具。下面，我跟大家分享一个我所喜爱的创新学区学校的事例。杰森·梅西（Jason Massey）在得克萨斯州滴水泉高中（Dripping Springs High School）教授汽车技术课程。梅西已经在汽车行业工作了15年，他甚至还拥有自己的公司，专门设计和制造赛车。在我看来，他的学生真的非常幸运，因为他们从梅西老师那里获得了关于汽车技术的跨学科知识，了解了关于汽车技术有怎样的社会现实意义的前沿观点，而且还能从梅西老师那里学习商业技能、处理与客户关系的洞察力，以及现实世界中市场和行业所面临的挑战和机遇等。梅西从他的个人经验中知道，人们想要在今天及明天的汽车行业中取得成功需要什么，以及技术带来了怎样的改变。

有意思的是，梅西老师并没有在得克萨斯州执教的教学资格证，这通常是在得克萨斯州教授特定科目所需要的。多亏了创新学区项目及决定聘用他的有胆量且有魄力的学校管理者，学生们才可以跟随一位有顶级资格教授汽车技术课程的教师一起学习。由于以创新的名义放宽了一些限制，梅西老师可以自由地与学生分享他的实践知识和专业技能。

《让每个学生成功法》 为您保驾护航

并非每个州都有像得克萨斯州那样的创新学区计划。但是，无论您住在哪个州，您的创业精神和思维方式都有用武之地。当您决定采取放眼未来的思维模式时，您不必担心条件不成熟，相反，您可以问问自己和同事，在已有的条件基础上如何开始启动改革。

例如，我们都受到美国联邦法律《让每个学生成功法》的保护。尽管该法并非没有局限性，但是，它是在一个关键方面具有里程碑意义的法律：它将更多的掌控权交还给各州和地区，使各州和地区的教育工作者有权决定如何监管和评估学生的学业和进步情况。《让每个学生成功法》敞开了一扇大门，让当地学校的校董事会和社区可以进行开诚布公的对话，以便开创新颖的方法来实现学生、学校和地区在学业和绩效方面的改善，并对改善情况加以评估。

当然，《让每个学生成功法》不会让您全权决定以您认为合适的所有方式对您的学校或地区进行彻底改革。但请您记住一点，成功的企业家善于抓住稍纵即逝的机会，而其他人可能只是看到了其中的阻力和障碍。该法可被视为一个突破口，是开始与那些愿意尝试新策略或新的解决方案的前三分之一的教育工作者一起尝试的机会。请记住，在美国进步非常快的学校擅长找准某个突破口，然后开始落实行动。

与年轻人一起共事的人都明白，学生是未来和希望——是他们自身的、我们成年人的及我们国家的未来和希望。因此，我们在计划和执行规划时都需要放眼未来。我们必须培养学生，必须激励他们持续地学习，并且培养他们运用知识采取行动的能力。我们必须引导他们识别并打开机会之门，同时他们也应学习如何打开自己的新的机会之门。要实现这样的目标，我们决不能沿用20世纪的教育模式或对20世纪的策略进行渐进式改良。我们需要胆量和魄力，需要针对未来的需求采取行动。令人振奋的事实是，我们只需要果敢地迈出第一步——向一种新的思维方式迈出一步即可——无论这个步子迈得有多小。

未来应该汲取的经验和教训

- 尽管大多数教育系统都将精力集中在对一直以来的做事方式进行渐进式改良（即聚焦眼前），但我们现在需要做的是，果敢地采取新的方式，对我们既有的系统进行改革转型，以满足我们身处21世纪的学生的需求（即放眼未来）。
- 我们需要重新思考如何使用技术，以及如何利用技术来让学生为他们将来所生活的世界做好准备，而不是为我们所生活的世界做准备。如果我们每天在工作中使用谷歌，那为什么要禁止学生使用谷歌？如果我们和团队成员凑在一起解决工作中遇到的问题，为什么学生会因在考试中相互交流而受到惩罚？
- 学校预算需要摆脱目前对上一年度的预算加以修修补补和调整的方法，转而采取零基预算法，并且必须证明在每个新的预算期间，所有开支都是合理的。
- 从您所拥有的条件着手，并且参考一些创新学区的成功实践，如得克萨斯州的创新学区，可以为您提供灵感。

- 请您至少迈出一步，无论这个步子有多小，都可以让您摆脱困境。向成长型思维模式迈出一步及放眼未来是稳步前进，而不是突破性的飞跃。

反思工具

日　期：_____

小组会议前：

本章中哪些想法引起了您的共鸣？您有任何疑问吗？

_____
_____
_____

回顾本章中"未来应该汲取的经验和教训"部分。您希望作者还谈及其他哪些主题？

_____
_____
_____
_____

小组会议期间：

　　小组会议期间，小组成员提出了哪些重要的想法？

_____

_____

_____

_____

　　您从会议讨论中吸取了哪三个方面的关键信息？

1. _____
2. _____
3. _____

小组会议后：

　　请您对会议中讨论的内容进行反思。它是否改变了您的观点？如果是的话，又是如何改变的？

_____

_____

_____

为了有助于实现教育的发展演变,您下一步拟采取的举措是什么?

_____
_____
_____
_____

补充说明

第 6 章 关注学生成长，而非注重成绩

预期研习成果：

- 描述注重学生成绩和关注学生成长的教育体制之间的区别。
- 了解有助于跟踪、评估和培养学生成长的新数据系统。
- 确定能够支持学生学业提升和成长、成才的清晰的策略。

研习主题：

- 课堂里的情况往往是，学生们济济一堂，以不同的方式和不同的速度学习。但是，我们仍然使用学业能力水平模式，依照刻板严苛的标准来衡量学生的进步。为什么我们目前的评估方式达不到预期效果？这些评估方式未能解决学习中哪些方面的问题？
- 托德·罗斯（Todd Rose）在他名为《平均的终结》（*The End of Average*）一书中指出："几乎任何有意义的人类特征，尤其是才能，均由多个维度组成。可问题是，我们在试图评判才能高低时，却经常采用平均值，将原本多种多

样且具有差异化的人才面貌笼统地简化为单一维度。"您在学校经历过这种单一维度的人才评判观吗?您以何种方式试着认可您的学生,认为学生的才能呈现"明显的多样性和差异化"特征?

- 跟踪学生的成长轨迹并不像跟踪学生成绩那样容易,但是,新的数据系统在提升我们识别和监控学生成长的能力方面取得了重要进展。读到本书中关于数据分析系统可以预测学生高中毕业时能够达到的阅读水平时,您最初的反应是什么?基于数据系统具备的预测能力,它们可以为教师和学生提供哪些干预性策略?

- 本章强调了这样一种趋势和倾向:"当学生在学校里体验到成功时……通常他们会更快乐。当他们喜欢上学时,他们就不会逃学。"您一般采取哪些举措让您的学生在学校体验到上学的乐趣?您给他们提供怎样的反馈?您如何让每位学生体验到成就感?

行动步骤:

- 探讨美国元度量(MetaMetrics)公司开发的"蓝思分级阅读测评框架"(MetaMetrics Lexile Framework for Reading)。选择其中一项指令工具,并且设计一个融合运用该工具的活动。在下一次小组研讨会议之前,请您尝试这项活动,并且做好准备,在小组会议上就您的观察结果和心得进行讨论。
- 在美国学校系统中，给予学生反馈的同时表扬学生，是很常见的做法，但约翰·哈蒂的研究表明，这样做并没有预期那么奏效。他认为，我们应该分别提供反馈和给予表扬，反馈应该是将学生所犯的错误予以重新表述，将其作为学生再次学习的机会。请尝试在您的课堂中引入这种新的反馈方法，并准备好与组员分享您的经历。

看看我们周围的自然界，你很快就能得出结论，多样性是自然界的代名词。动物可以是长颈鹿那样的高个儿，也可以是响尾蛇那样身体低矮、贴着地面爬行的样子；树木可以长得像红杉那样高大，也可以长成矮柳那样矮小。对于自然界，我们接受这样的观点，即每个事物都按其需要的方式、在需要的时候自然生长。那我们为什么不把这个想法延伸到我们学生的成长上呢？如果一个农民期待他的萝卜长得和玉米一样高，生长速度也一样，我们会嘲笑他不可理喻。然而，我们却始终以"一刀切"的方式对待学生，期待班级里每个孩子都以同样的速度成长，期待他们的学业水平一样出色。

现在请您设想一下，今天是您附近一所学校六年级的学生开学第一天。一早，30个年轻人排队进入教室，60只眼睛齐刷刷地注视着站在讲台前面的老师，即将开始他们新的学年。我们期待接下来会发生什么情况呢？

任何站过讲台讲过课的人都明白，每个学生初来课堂时，他们的能力各不相同，他们的精力和专注力也因人而异。每个人都来自不同的家庭，每个家庭有着独特的生活方式。他们把此前学年里所汲取的知识和所获得的技能也带到了课堂，他们此前所处的教育环境、在那样的环境里所获得的帮助或曾经遭遇的阻碍，也带到了今天的课堂。经过前一学年，每个学生都处在不同的起跑线上，有些出类拔萃，有些自甘放弃，但是绝大多数学生都得到过某种鼓励和引导，对新的学年有所期待，希望自己百尺竿头更进一步，不光是学业成绩方面，也包括在社交和情绪学习方面。

开学第一天，在上文提及的那个教室里的学生们，在即将到来的学年中，每个人都会有不同的体验。有些孩子会从他们的父母那里获得各种可能的支持，从而可以茁壮成长；有些孩子，因为他们的父母过度操心，会感到焦虑和无能为力、无所适从；有些孩子的家庭面对的经济压力已经达到他们能够承受的极限；有些孩子则处于被虐待的状态，这对他们的身心健康造成越来越大的伤害；有些孩子则可能因为无家可归，只好暂住在收容所。

学生的具体情况形形色色、因人而异，为什么要用同样的标准要求他们呢？学界和学界以外的人士都公认的一点是，我们以不同的方式和不同的速度学习。然而，教育界的许多人却固守一种学业评价模式，期待学生统一完成学业，几乎不容许有任何特例。但是，每个学生自身所储备的知识、所具有的学习态度和所获得的技能都与其他学生不同。

当然，测试是有效的评估方式之一。但我仍然认为，我们的教育评估往往在测试内容方面存在错误。我们都明白，真正的学习不仅仅是"输入事实，输出知识"。每组神经标记、生理标记和情绪标记，都对学生的整体发展有着独特的贡献。在一间共有超过20个5岁、10岁或15岁孩子的教室里，有些学生能够立即掌握概念并开始应用这些概念；有些学生掌握相同的知识却需要更长的时间，直到他们最终对教学材料有了全面了解后，才能轻松地应用这些概念；然而，还有一部分学生，随着课堂进度推进从而达到下一个教学要求和标准，他们会越来越被落在后面。这种情况，我们都清楚。所有学生都以不同的方式和不同的速度学习。我们却继续使用"一刀切"的年级标准，要求某一年级的学生达到某种标准，并对学生进行测试和排名。为什么？我相信，作为教育工作者，我们中的许多人模糊了成长和成绩这两个概念之间的区别，从而导致我们忽视了教育孩子的真正目的。

我们的目标是成长

对于"成绩（proficiency）"和"成长"（growth）这样两个看似简单的词语，人们却存在大量争议。从表面上看，两者之间的区别似乎一目了然:"成绩"评估的是既定目标是否已经实现,而且这个目标对每个人而言都是相同的,即一个学生要么达标,要么不达标。相比之下,"成长"考虑的是在一定时间内的成就发展趋势,它衡量的是个人或团体的进步。

许多教育工作者反对以美国教育部确立的"一刀切"的标准来衡量学生所取得的成绩。他们认为,这种成绩模式不可避免地会使那些成绩落后的学校和学生遭受严重打击。对全部学校和学生适用统一标准,可能无法区别对待历史的、经济的、区域的或社会的因素所带来的影响。一个学生即使学业水平有所提高,并且在一些关键方面也有所改善,但是如果依据单一标准未达标,这个学生也被视为是不合格的学生,即使他正在取得真正的进步。

比如,一个四年级的学生,新学年开始,他的阅读水平相当于一年级,但是他有幸遇到一位非常好的教师,经过一个学年,这位学生的阅读水平提升到相当于三年级的水准。这是巨大的进步。但是现在,我们让这位学生坐下来参加一项学业水平能力测试,衡量他的阅读水平是否达到四年级应该达到的标准。显然,这位学生根本无法达到。现在,学校、班级、教师和学生看起来和感觉上都像一个失败者,这个孩子在一年内取得了通常需要两个学年才能实现的进步,却得不到任何认可。

相比之下,将成长评估模式作为评估学生、学校和学区的方法,允许出现个人最佳(personal best)模式,对每个学生的评估都基于他自身所取得的进步，而不是基于通用标准。这就是为什么我倡导关注成长的原因，因为成长评估模式对于所有年级的所有学生而言，都是更有意义的衡量标准。

这种评估学生成长和个人进步的想法听起来是很棒的，但是，我也不想低估课堂现实情况的严峻性。我很清楚，在目前的环境下，许多教师都被要求按照一定的标准开展教学，无视最适合学生个人成长的课程。是的，标准是统一的，而且依据标准很容易测评。但是，教育关注的焦点不应该是标准，而应当是学生的成长。

现在的典型情况是，六年级的课堂里，可能有三个孩子可以学习八年级的标准课程，有几个孩子可以学习七年级的标准课程，十个孩子准备好了学习六年级的标准课程，但是也还有一些孩子，甚至还在为达到四年级的测评标准而苦苦挣扎。我们必须预见到的情况是，课堂里，学生始终具有广泛的多样性，这就要求教师执行的教学标准具有严苛性，鉴于此，管理人员和教师可以做点什么呢？

当某些事情不奏效时——我想我们都认同一点，那就是我们目前的成绩评估模式不奏效——我们就可以退后一步问问自己："我们现在这样做的目的是什么？"这样或许有助于解决问题。当我问三年级的教师这个问题时，他们告诉我，他们的目的是让学生为升入四年级做好准备。当我问四年级的教师这个问题时，他们告诉我，是让学生为升入五年级做好准备。依次类推，一直到高中教师，他们告诉我，他们教高年级学生的目标就是为学生考上大学或找工作做好准备。

但是，让学生为升学做好准备不是我们应该关注的目标。我们都知道，无论我们在教育体制中扮演着什么角色，无论我们所教的学生年龄多大，我们的真正目的都是让他们为取得事业和生活上的成功而做好准备。我也知道，我们长久以来，被证书和合同的阴影笼罩，不得不将目光从这个教育目标上移开。我们被标准化测试、评估和合同要求分散了注意力。在不知不觉中，我们过于关注达到这些要求，以至于忽略了教育学生的长期目标，忽略了对学生寄予的梦想和希望。

出现这一问题的根源在于：目前的教育体制下，学校和教学的目的大体上都是专注于让学生升级，直至他们完成学业，进而从学校毕业。我们获得认证、签订合同都只是专注于让学生走到他们学业阶段的一个个里程碑，然后让他们升入下一个年级。尽管我们心里明白，我们不能用单一的指标或通用标准来衡量人的发展，然而，我们的学校现在却比以往任何时候都更多地使用这样的单一标准对学生进行测评、排名和分类。

多维学习者

还记得我在本章开头提到的那个农民，那个有萝卜地和玉米地的农民吗？他知道每块地都需要使用不同的方法来促进作物生长，例如，使用特定类型的土壤、安排正确的浇水频率、确定肥料配比等。在收获的季节来临时，如果每颗萝卜都扎根土壤，并长出一个个又大又脆的萝卜，他会很高兴。看到玉米秆真的长得很高大，与大象的眼睛齐平时，他会惊叹不已。他根本不会因为萝卜不长在高高的根茎上而生气，他也不会对玉米需要不断施肥才能茁壮成长而感到沮丧。每株作物都以它需要的方式生长，并且整个过程都得到了一位兢兢业业的专业人士的帮助，他了解如何创造理想的条件来让每株植物茁壮成长。

我们也可以在课堂上做同样的事情，只要我们不再对学业和成绩墨守成规，只要我们转而寻求成长模式。我们都看到了基于通用标准的成绩模式具有局限性，这一点从美国国家教育进展评估（National Assessment of Education Progress，NAEP）报告公布的最新分数可以得到佐证。令标准化测试和评估运动中的教育工作者和政策制定者感到震惊的是，尽管我们更加重视标准及基于学业和成绩为导向的教学，并在这个模式上投入更多的精力，但分数还是下降了。显然，学业和成绩导向型学习模式具有很大的局限性，因为它忽略了这样一个现实，即孩子的发展方式和学习方式是因人而异、精彩纷呈的。

教育体制如果将每个学生视为自动化机器中的一个齿轮，就可能忘记每一个学生都是独一无二且有价值的个体。我们经常把教育体制当作另一种类型的工厂来运作，我们像工厂生产小部件一样产出毕业生。有证据表明，我们不断地力争实现更高程度的标准化和测评。标准化使一切事物和所有人都变得平淡无奇，我们没有棱角，也没有曲线，而原本这些棱角和曲线是我们每个人所具有的各种惊人才能的表征。

> **专家视点**
>
> 　　我们有向标准看齐的学校系统，但显然，我们没有向标准看齐的学生。我们的学习模式已经过于束缚手脚。我们说："如果你年满12岁，这些就是你必须接受的课程。"但是，这种方法忽略了我们所了解的学习具有发展性的这一认知。
>
> ——大卫·贝恩
霍顿·米夫林·哈考特出版公司
主管学术规划与分析的副总裁

托德·罗斯是个体发展机遇中心（Center for Individual Opportunity）的联合创始人兼总裁，也是哈佛大学教育研究院的教员。在他的名为《平均的终结》一书中，他观察到：

几乎任何有意义的人类特征，尤其是才能，均由多个维度组成。可问题是，我们在试图评判才能高低时却经常采用平均值，将原本多种多样且具有差异化的人才面貌笼统地简化为单一维度。例如，标准化测试中取得的分数或成绩，或者工作绩效排名。但是，当我们陷入这种一维的思维方式时，我们就会陷入深深的困境。

很多时候,我们会自然而然地偏好采取这种"一维的思维方式",而且我们的学校会进一步强化我们这种天然的偏好,因为学校会鼓励我们采取简单的标准和尺度(诸如分数、标准化考试等)去衡量学生。罗斯在他的书后面继续补充道:"如果我们的目标是培养卓越的个人,那么弱相关性理论会向我们揭示一些不同的视角:我们只有关注每个人独特的差异性,才能培养出卓越的个体。"

在我的亲身经历中,我明白了这种"独特的差异性"概念的真谛。我的子女和孙辈中有的人天赋和才华出众,也有人身患严重的残疾,还有人的情况是介于这两者之间。他们每个人都以独特的速度吸收和应用知识,他们的学习风格是学习积累过程的一部分,而这个过程与他们的性格、资质是息息相关的。他们中有些人一接触到最初的基础步骤,就开始应用知识;另一些人的学习风格类似于,只有将拼图的最后几片卡入正确的位置时,才知道如何应用知识。某种学习方式或速度并不见得一定会比另一种好,他们只是不同而已。所有孩子的结果都应该是相同的,那就是学习、成长和蓬勃发展。

我相信您在自己的家庭中也观察到了类似的差异化现象。你们当中有一个以上孩子的父母,就很能理解我在这里阐明的观点。即使拥有相同的亲生父母、相同的家庭环境和相同的养育方式,您的孩子们也会在不同领域各有千秋,并且需要帮助。而且,作为一个好的父母,您不会要求他们每个人都有相同的兴趣爱好，也不会要求他们以同样的路径抵达人生中相同的里程碑。一个家庭里有 6 个孩子，就可以培养出一名医生、一名全职照顾家庭的父母、一名艺术家、一名会计师、一名喜剧演员及一名滑雪教练。相同的输入，截然不同的输出。这应该是我们预料之中的情况，而且是我们应该鼓励出现的情况。

终身学习

我在本书前面的章节中已经谈及终身学习这个话题，但是我想让所有人都明白，在未来，最好的求职者将是那些懂得如何学习和成长的人——以及如何在他们的整个职业生涯中不断成长的人。美国一家教育和学习软件研发公司 Instructure，对 750 名在美国工作的经理人进行了调查，调查内容是他们在评估千禧一代求职者时关注什么。据 Instructure 公司的副总裁杰夫·韦伯（Jeff Weber）披露：

当我们询问经理人"取得职业成功最重要的因素是什么"，而不仅仅询问他们在员工招聘中寻找什么特质时，经理人将行业知识和专门技术与核心特质相提并论。这项调查表明，为了在职场取得成功，雇主希望千禧一代能够展现出全面的能力和持续学习的兴趣，因为他们现在胜任工作所需的技能可能与 5 年后所需的技能大不相同。

在第 2 章中，我们审视了学生在未来取得成功所需的技能，如具有批判性思维能力、协作能力及对不断发展的技术有深刻的理解力。但是从更广泛的意义上讲，21 世纪真正需要掌握的技能将是跨职业领域、跨技术门类和终身学习的能力，正如我之前提到的，我们甚至都不知道未来大多数工作会是什么样子。每个希望在这样的环境中取得成功的学生，都需要掌握灵活的学习方式。正如纽约州前教育专员玛丽·艾伦·埃利亚所言："我们需要培养出能够在他们将要生活的环境中取得成功的学生，这些环境与他们自己的老师所成长的环境及他们现在所处的环境是大不相同的。"雇主需要的是能够成长的员工。在未来，自动化和人工智能将无处不在，公司可以利用这些技术。他们需要员工做的是，能够通过灵活的学习方式保持领先地位，而不是遵守一经创立几乎就已经过时的标准。

考虑到这种动态的工作环境，我们必须调整我们的教育方法，让学生为取得职业成功和生活成功做好准备，而不仅仅是让他们为参加下一次考试和升入高一年级做好准备。因此，我们的重心必须放在学生成长上，当我们考虑到教学和学习之间的区别时，就会愈加明白实现这种转变有多重要。仅针对教学进行规划，虽然可以确保教师有序开展"教学"，但它并未考虑我们的教学将如何被学生接受；相比之下，针对学习加以规划和设计，关注的是学生是否在真正"学习"。当我们认为教学最终的落点是学习时，学生就会是我们学业规划和决策的中心。这看似是一个很微小的区分,但是,教学是将重点放在我们教师开展教学工作上,相比之下,学习提醒我们教育关乎学生,而非教师。

在美国最成功的课堂上,已经在进行这样的转变,这要归功于了解其工作实质的教师。正如佛蒙特州前教育专员、成功实践网总裁、国际教育领导力中心高级研究员雷蒙德·J.麦克纳尔蒂所观察到的:"终身学习者更擅长自主学习。只有当教师意识到他们需要转变教学方法,即由教师掌控学习转向由学生掌控学习,才能让学生成为自主学习者和终身学习者。"这些自主学习者后来才会发展成为终身学习的成人学习者。

通过把重心放在学生学习上——放在学生成长上——我们才更有可能让我们培养的学生成为终身学习者。这是为他们迈入 21 世纪的职场而着手准备的关键。正如 Instructure 公司的调查所示,雇主意识到,员工所需要具备的技能,会在其整个职业生涯中发生变化、不断更新。因此,比学业和成绩更重要的是对学习的渴望和学习的能力,以及在整个职业生涯中持续不断地学习。

衡量成长

帮助学生实现成长而不仅仅是让学生达到学业能力水平标准,首先要设法鼓励学生在自己独特的条件框架内成长,具体包括对成长进行跟踪和评估的方法及培养学生成长的方法。我在上一章中对斯坦福大学教授卡罗尔·德韦克所提出的成长型思维理念有所阐述。考虑成长——就意味着考虑成长的含义及它的诸多益处——是一个很好的模式。但通常意义上，成长更多的是针对个人取得成就的方法，而不是针对在课堂、在学校或地区等更大背景下关注成长的系统方法。

成长对每个学生来说可能意味着截然不同的含义。对于有些学生，成长可能意味着终于掌握了两位数的乘法；对于有些学生，成长可能意味着终于掌握了在低年级时让他们混淆不清的加法基本运算；对于另外一批学生而言，成长可能意味着探索代数入门知识——并且学着学着就逐渐地爱上代数。现在，把这个观察结果推及更多的课堂、更多的学校，对于这样迥然不同的学生群体，您作为学校领导，如何在被学业水平和成绩模式掣肘的教育体制中帮助学生成长？

其中一种方法是，重新思考您所测评的内容。

在我们深入讨论衡量成长之前，请允许我澄清一件事情：衡量成长永远都没有衡量学业水平和成绩那样容易。正如您已经理解的那样，学业水平是一个非常有限的快速评估方法，具有明确的参数，通常设定"天花板"（上限）和"地板"（下限）。在这样的评估测评中，学生要么通过，要么不通过；要么达标，要么未达标；学生的表现要么落在所设定的可接受的参数范围内，要么不在这个可接受的范围内。总之，这样的评估和测评是很容易跟踪、比较和判断的。

正是因为这种方法具有易于衡量的特点，所以我们看到许多地区都实施核心标准或年级水平标准，并配套设计相关评估方法来落实这些标准的实施。这个方法带来的问题是，许多学生在他们的发展过程中并没有达到相关阶段的适当标准。一种情况是，整个学校（或地区）已经超出标准（高于"天花板"，即"上限"标准值）；另一种情况是，许多学校（或地区）可能落后于标准值数年之久（低于"地板"，即"下限"标准值）。这些差异导致80%的学区使用补充评估系统（测评补考），以帮助他们对照年级水平标准来确定自己在什么方面还存在不足。

> **专家视点**
>
> 　　我们有一个研究团队在思考现有技术和新兴技术如何影响人们需要学习的内容及人们的学习方式。成长的轨迹非常重要，因此，我们需要一些方法来衡量阅读水平和数学等基本能力及学生在社交和发展领域的成长。
>
> ——凯伦·卡托
美国数字承诺教育技术中心总裁兼首席执行官

好消息是，随着时间的推移，我们在精确定位和跟踪成长的能力方面取得了实实在在的进步。在该领域取得进步的一个例子，就是美国MetaMetrics公司开发了蓝思分级阅读测评框架。这是一个基于研究而研发的科学的分级阅读和听力理解系统,可以帮助教育工作者和家长为学生挑选适合其阅读水平的书籍、文章和其他分级阅读资源。阅读者和阅读材料在蓝思指数量表上对应一个分数,分数越低表示书籍等阅读材料的难度越低,对阅读者的阅读能力要求也越低。为什么这个分级系统很重要?因为对照蓝思指数量表对文本的难度加以评分,可以帮助教师选择有针对性的材料,也就是为阅读者提供难度适当的材料——这些材料不会难到令人望而却步,但也足以挑战读者,并鼓励他们获得与其年龄匹配的、可衡量和评估的成长。

更重要的是,我们可以使用蓝思分级阅读测评框架等系统来跟踪学生的成长。如果我们知道孩子在7年级时对应的蓝思分数,我们就可以使用数据分析系统来预测这个孩子在高中毕业时他的蓝思分数会是多少。那么系统是如何做到的呢?例如,7年级时的一个分数,可能是某一个学生的学习时间线中某个时间点的数据定量分析快照,但是当数据库中包含300万个分数时,就像蓝思分析系统所做到的那样,它们也就是其他学生在其学习时间线中同一时间点的分数,这样,系统就可以预测学生个体在未来的成长轨迹。

更进一步来说,随着我们向系统添加更多的数据点,我们可以查明,哪些学习干预措施可以加快7年级学生的成长轨迹,并将这些干预措施应用于有着类似成长轨迹的其他学生。由于具有这种预测能力,蓝思分级阅读测评框架可用于预测学生从初中、高中到大学,甚至一直到他们进入职场的成长情况。

有关此类预测的具体情况,如图6-1和图6-2所示。(顺便说一句,有趣的是,图6-1和图6-2所示,现在入门级工作的阅读要求,实际上高于大学一年级课程的阅读要求——这是个鲜有人知晓的事实。)

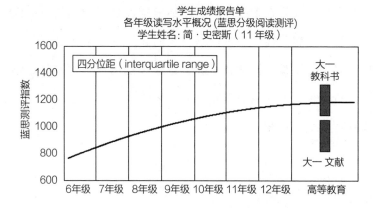

图6-1　准备读大学的学生需要达到的读写水平

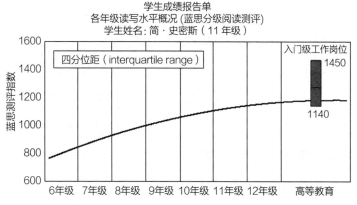

图6-2　踏入职场的人需要达到的读写水平

蓝思分级阅读测评框架可被视为具有类似于谷歌地图的指引功能。谷歌地图可以告诉您，从您的家到棒球公园或电影院的最佳路线，谷歌地图的推荐是根据您当前所在的位置及在此之前与您有过相同行程的数千人或数万人的行程经历而做出的。我将在下一章中更详细地阐述数据预测信息的能力。目前，我们探讨的重点是，我们开始开发基于数据的工具，以满足跟踪、评估和促进学生成长的需要。这些都是强大的新技术，但它们仍需要有更人性化的培养学生成长的方法来对其加以补充。

让学校（更）有趣

当学生体验到成功时，无论成功大小，他们在学校通常都会更快乐，当他们喜欢学校时，他们就会留在学校，这对我们大多数人来说是完全可以理解的。但是，您必须承认，目前的教育体制尚未建立任何有助于促进学生热爱学习的事物。事实上，我们经常做的恰恰与此背道而驰，使得学生往往毕业后很长时间都对教育体制感到反感。但是，我们可以马上做出一些微小改变来扭转局面，当我们这样做时，我们就朝着促进学生成长方向迈出了一大步。

成功带来成长

北卡罗来纳州科学、数学和技术教育中心总裁兼首席执行官塞缪尔·休斯顿告诉我,有一次他应邀去担任一所学校的校长,他发现,在这所学校里,教职员工似乎都以手握给学生及格或不及格成绩这一权力为荣。"于是我告诉他们,"他说,"我们必须想办法让这所学校里的每个孩子都有成就感。"他要求教师们想办法每天对学生进行一次突击测验,而且确定他们知道学生都能通过考试。他这样做的原因很简单。"如果学生能够成为这种成功环境的一部分,并为自己的努力或能够解决问题而感到自豪,他们就会更加成功。"一开始,教师们对此举持怀疑态度,但是事实上,这个办法果真奏效了。他们创造了有成就感的学习者,因此,这些学习者能够变得更加成功,因为他们相信自己、相信自己的能力。

专家视点

有一个简单的事实是,如果我们要成功地做到支持孩子们整体发展和成长,他们得喜欢学校才行。对!事实就是这样。他们得喜欢学校,学校得是一个有趣的地方才行。

——肖娜·麦克唐纳
明尼苏达州 playworks 公司执行董事

如果您的目标是专注学生成长，就请您想出一些可以帮助他们获得学习成就感的方法。这不仅让他们产生自豪感，而且有助于他们将自己的身份确立为学习者，一旦他们开始将自己视为成功的学习者，他们学习的能动性就会增强，这往往也会使其发展成为自主学习者。

为生活做好准备，而不是为在学校更好

花点时间想一想，如果学生在核心课程（如数学、科学或语言艺术等科目）的学习方面苦苦挣扎，会发生什么情况。我们做的第一件事往往就是让他退掉选修课，而这通常是他喜欢的课程，然后让他在遇到挫折的科目上加倍努力。我们让他舍弃音乐，虽然他在乐队中演奏乐器，并且学习如何开展团队协作、培养创造力；我们让他舍弃运动，虽然在那里，他与队友合作去实现一个集体目标。我们告诉他，在他提高成绩之前，他不能再上任何艺术课了，尽管艺术工作室是整个教学楼中唯一让他觉得有归属感的地方。我们把他拽回课堂，让他孤军奋战，一个人去征服他讨厌的科目。

这种方法会对学生产生什么影响？这会让他们更不喜欢学校，还会让他们觉得数学和科学等科目像是对他们的一种惩罚，而不是引人入胜的学科领域来让他们有兴趣去探索。我们之所以这样做，是因为我们试图让他们在学校表现得更好，而不是让他们为生活做好准备。其实，有一个更有效的方法。我有一个孙子,他非常喜欢打篮球——如此热爱,以至于他坚信,有一天他会在美国职业篮球比赛(NBA)中打球,尽管他长大成人后,身高只有5英尺7英寸(相当于1.7米)!在学校里,他学习数学和科学两门科目很费劲。他所就读的学校的教育工作者是如何回应这种情况的呢?

他们给他上两节篮球课。

是的,您没看错:两节篮球课。不过,一节是数学老师教,另一节是科学老师教。归根结底,篮球是一种关于数字、几何和物理的游戏。您猜猜发生了什么情况?我那个孙子竟然开始期待上数学课和科学课了!通过赋予科目相关性,并让他能够取得成功,他的老师们将原本可能是惩罚性的经历变成了学生成长和自主学习的机会。

恰当的反馈,恰当的回应

促进成长的一个关键要素是,教师要仔细斟酌如何给学生提供反馈。我在第4章中引用了约翰·哈蒂的研究成果,根据他的观点,我们需要改变这种思维方式,即每个学生付出一年的努力都应该收获至少一年的成长。此外,他还表示,我们需要重新考虑我们对待反馈的态度。在实地考察日,我们与其拿出红笔,向学生展示他们做错了什么,不如换种方式把情况反馈给学生,向学生传达失误和错误恰恰是一种学习机会。

约翰·哈蒂还告诉我:"我们很多人忽视了重要的一点——

我本人对此也忽视了很长时间——那就是，在反馈中，我们需要了解接收者是如何理解和利用我们对其给出的反馈。给予的反馈太多，接收的反而可能很少。"哈蒂和他在新西兰的团队开发了一项针对中小学生的评估模型，该模型涉及三个重要方面：第一，让教师知悉学生的成长和成就情况；第二，用其他措施或其他教师的解释进行第三方测评；第三，在一定时间内对情况类似的学生所取得的成就水平进行比较。

哈蒂团队研发的模型对以下三个反馈问题做了区分：

1. 我的目标在哪里？（成功是什么样子的？）
2. 我如何实现那个目标？（就我需要达到的目标，我做出怎样的相关诊断？）
3. 我的下一个目标是什么？（我如何才能弥合这个差距？）

在哈蒂团队研发的模型中，第三个要素（下一个目标是什么）建立在前两个要素的基础之上。他认为，当反馈与教学周期保持一致时——无论是在任务期间、任务进行过程之中还是在自我调节期间，学生都会取得成功。而且，有趣的是，哈蒂教授指出，将表扬与反馈混合在一起呈现给学生，可能会产生负面影响，这是因为，学生会记得表扬性反馈，但很可能会忽略教师给出的反馈中有关他如何改善表现的有用信息。因此，哈蒂建议，将表扬与建设性反馈分开传达给学生。

选择成长

在教育领域工作的许多人都清楚,当我们专注于学生的学业水平和成绩时,我们就不再衡量学生的批判性思维能力或学生是否真正投入教学材料的学习。更糟糕的是,我们剥夺了教师的能动性,剥夺了教育中人性的部分。如果我们坚持只讲授用标准化测试可以衡量的内容,而避开那些更需要分析能力的内容,我们就有可能妨碍学生有更深入、更丰富的学习体验。而且,在很大程度上,我们是在贬损教师这一职业的价值,使教育沦落到为考试而做准备的境地。

众所周知,教育面对的现实情况是,学生是一个个具有独特天赋、兴趣爱好和潜能的个体,无论他们是在绝对的基础科目学习上存在困难,还是在考试中能够取得优异成绩,他们每一个人都能够持久地、真正地成长,他们都有能力为社区和社会做出贡献。如果我们接受的教育体制是一个选择"赢家"的体制——所谓的"赢家"就是那些破解了获得标准化考试高分和高绩点密码的学生——那么我们肯定会造就一代心灰意冷的年轻人,他们中许多人会感到自己是迟钝的、被边缘化或落后于别人的。

学校领导和教育工作者如果选择关注学生成长而不是关注学生的学业和成绩,那么,他们无论面临什么样的挑战,都会抓住机会，让学生做好准备，为了面对不断变化的就业市场要求，成长为独立的和成功的成年人——这才是我们教育的最终目的。这些学校将是果敢的、有远大梦想的学校，它们敢于讨论那些创新型解决方案，并着手为所有学生取得成功制订可行性计划。当然，要确定我们是否正在实现教育的这一终极目标，唯一的办法是，在教育的过程中开展有效的自我测评。在下一章中，我们将阐述数据和测评标准这一主题。

未来应该汲取的经验和教训

- 学生的学习进度和学习风格因人而异，但是，我们却依赖于基于成绩的系统，期待每位学生以同样的水平参加同一天的测试。
- 我们必须关注学生成长，而不是注重学生的学业和成绩是否达标。
- 目前，我们的教学目的是将学生的水平提升到高一个年级，而不是为鼓励学生终身学习奠定基础。
- 衡量和测评成长，比衡量和测评学业水平和成绩更困难。但是，也有一些组织机构在利用成长型数据和数据分析方面走在前列，如美国 MetaMetrics 公司开发的蓝思分级阅读测评框架。这个系统可以为学生匹配合适的材料并预测学生的成长轨迹。
- 我们要成功地支持学生的学习和成长，就需要让他们喜欢学校。事实就这么简单。这就意味着我们作为教育工作者，需要努力让学生获得成就感；避免通过惩罚方式应对学生在核心科目上的薄弱之处；为学生提供清晰的、富有建设性的反馈。

反思工具

日　期：_____

小组会议前：

本章中哪些想法引起了您的共鸣？您有任何疑问吗？

_____
_____
_____

回顾本章中"未来应该汲取的经验和教训"部分。您希望作者还谈及其他哪些主题？

_____
_____
_____

小组会议期间：

小组会议期间，小组成员提出了哪些重要的想法？

_____
_____
_____

您从会议讨论中吸取了哪三个方面的关键信息？

1. _____
2. _____
3. _____

小组会议后：

请您对会议中讨论的内容进行反思。它是否改变了您的观点？如果是的话，又是如何改变的？

_____
_____
_____

为了有助于实现教育的发展演变，您下一步拟采取的举措是什么？

_____
_____
_____

补充说明

第 7 章 数据：助力学区和学校决策

预期研习成果：
- 认识一些基本的数据类型。
- 了解如何在教育中运用这些类型的数据。
- 明确一点：即使有数据支持，我们仍然需要人工判断和人工解释。

研习主题：
- 对本章中所讨论的四种数据类型加以定义。这些类型的数据如何出现在我们的日常生活中？
- 当前我们在教育中对数据有哪些应用？为什么这样的应用还远远不够？尽管感知数据（perceptive data）被认为更具有主观性，但该类数据如何使校长、学区的教育学监和其他教育管理者受益？
- 数据分析可以有助于解决实际问题，例如，为数千名学生设计个性化课表，或者预测人口发展趋势。这些信息如何使教师受益？教师如何利用数据分析更好地支持学生成长？
- 技术具有局限性。技术永远无法取代重要的人际互动和人际关系。我们可以通过哪些方式让数据为我们的决策提供建议和指导，而不是支配我们采用特定的方法？

行动步骤：
- 设计一项有关学习的调查，收集学生对某项活动做出的反馈。将他们的反馈以某种方式积极地应用到教学之中。

全球新冠肺炎疫情的暴发带来了诸多引人瞩目的变化，其中包括人们对数据的重要性有了更深入的理解。报纸和电视台的记者们，纷纷使用"倍增率"和"拉平曲线"（flatten the curve）等词语。突然之间，有多种颜色标识的陡峭的线形图随处可见。不仅仅是科学家和计算机专家，我们中的许多人都在比对与特定城市和国家的人口有关的巨大数字，以便了解我们是否会受到这种神秘而可怕的疾病的影响。数据突然之间变成了事关生死的参考项。

出于对健康和福祉的担忧，数据的重要性突然涌入公共视野，可能也就不足为奇。10多年来，医疗保健领域在收集和分析数据方面一直处在最前沿。如果在您的年度体检中，体检机构的工作人员时而向您提问，时而往计算机里输入信息，那是因为，在过去的15年的时间里，医疗保健领域已从纸质体检报告转而使用电子体检报告。您可能已经登录过与您的医生办公室相关联的网站以进行网上就诊预约,并查阅过您最新的检测结果。这样做的目的是使每次就诊中所收集的信息,可以在各种医疗专业人士之间快速地共享。例如,您的就诊信息在全科医生、心脏病科医生和皮肤科医生间共享,以便他们就您的医疗保健做出最佳决策。美国现有四大医疗档案管理公司,所有美国人的医疗档案都保存在其中一家或几家公司的数据管理系统中。

数据收集和信息共享,不仅让患者个人受益,而且对于所谓的人口健康都大有裨益。美国智能医疗档案(InteliChart)公司处理全美国的医疗保健数据。该公司的首席执行官加里·汉密尔顿博士(Gary Hamilton)估计,他的公司每月处理约6亿名患者的就诊信息。该公司看不到关于患者个人的任何私人身份信息(出于严格的隐私保护规定),但是它可以收集大量患者的信息,从而为整体人群确定最佳的医疗方案。有趣的是,在分析这些大数据时——是的,这是真正意义上的大数据——汉密尔顿博士的公司发现,有助于医疗干预取得成功的最重要的因素,不是实际的治疗或治疗方案,而是患者的社会经济背景。受过良好教育且工作稳定、享有便捷的交通且从未经历过食物短缺的患者,会比没有这些优势的患者更容易获得成功的医疗干预。

同样的预测结论也适用于教育。

与医疗保健行业一样,我们的教育系统也产出海量的信息。我们从数据中寻找答案，去了解为什么某个学生或学区比其他学生或学区更成功，以及哪些因素会影响学生之间的表现差距。多亏了大数据，我们现在知道，学生的学习效果在很大程度上取决于其父母的收入和教育水平；取决于学生是否生活在稳定的家庭环境中、是否得到良好的养育；取决于学生是否可以在安全的地方玩耍；取决于该学生在多大程度上遭受过精神创伤（如果有的话）。这就是为什么理解和保障学生身心全面健康发展，开展全人教育模式如此重要的原因。

在未来，数据至少会在两种形式上对教育越来越重要：一是为个性化学习提供信息；二是推动地区做出决策。最高效的教师了解如何利用学生的相关数据来增加课堂学习机会。表现最佳的地区了解收集、分析和利用数据的必要性。

需要明确的是，本章的内容不是关于如何使用数据或实施大数据，也不是为任何具体的数据平台做广告宣传。选择数据收集和分析平台，应基于具体学校或地区的需求和预算。因此，本章概述了一些基本类型的数据，提供了专家关于如何使用数据的见解，并且展望了数据应用的未来。

打开王国的钥匙

数据无处不在。许多影响学习环境的关键决策，诸如地区的运作，地方、州和联邦的汇报，学生个人的学习计划，以及资源规划等，都可以利用可靠的数据做出。但是，当我们谈论数据时，我们到底在谈论什么？以下只列举了一些基本类型的数据：

- **定量数据**涉及数量，是指可以用数字进行计数、测量和表示的信息。例如，您的鞋码、标准化考试成绩和天气预报。
- **定性数据**涉及质量，是指无法用数字表达的描述和概念。例如，鞋子的款式、老师对学生表现的看法及天气预报如何影响您的周末计划。
- **感知数据**属于定性数据，是指有助于人们了解自己对特定情况如何感知的信息。例如，调查所收集的数据，而该调查请求调查对象就影响其幸福感的特定因素进行评估。
- **预测数据**是指用于预测未来结果或事件的信息。例如，计算在新冠肺炎疫情暴发期间，如果每个人都保持社交距离，那么六周内可以挽救多少生命。

无论我们是否意识到这一点，数据已经在深刻地影响着我们的日常生活。脸书（Facebook）知道如何利用数据向我们投放广告，这些广告可以非常精准地针对我们的购买偏好而投放。您完全可以确信，如果在线服务对客户是免费的，那么客户就是产品。这句话的意思是，在线服务提供商会将他们在我们在线时所收集的客户数据（例如，我们的位置、购物习惯、谷歌搜索历史记录及其他更多的信息等）出售给其他组织机构,而这些组织机构通常会出于营销目的对这些客户信息加以分析和利用。

数据已成为一种非常有价值的商品。

但是,确实存在一些对用户真正免费的数据库,例如,公共图书馆中的索书号系统,博物馆是另一种非营利性机构,通常给我们提供真正免费访问的机会,让我们可以鉴赏其数据库中所收藏的艺术品数字图像。

> **专家视点**
>
> 数据一旦被聚合,它就会变得更加强大。利用数据,我们可以进行预测性分析和机器学习,它们是人工智能的基础。数据确实是打开王国的钥匙,数据意味着巨大的机遇。
>
> ——加里·汉密尔顿博士
> 智能医疗档案公司首席执行官

在21世纪,计算机能够快速处理数量惊人的定量数据,从而产生了无数的利用这些数据的应用。例如,在医学领域,数据可用于改善患者的健康或跟踪人群中的疾病发病率;天气预报让我们为暴风雨天气或晴天做好准备,它也依赖于数据;政府人口普查收集公民信息数据以确定投票区;城市维护有关犯罪的数据以促进城市安全。数据已经成为生活的一部分,它是我们了解某些趋势并进行预测的强有力的工具。在讨论教育如何能够抓住数据带来的机遇之前,让我们看看教育界以外的世界,来思考数据带来的前景和可能性。

位置,位置,位置

从我们现在所有人都随身携带的手机中收集的位置数据,是一个巨大的数据源,似乎蕴藏着无穷无尽的可加以使用的机会。手机的工作原理是将信号从您的手机传输到最近的手机信号塔,然后信号再从一个信号塔传输到另一个信号塔,直到传输到离您拨打电话的人最近的那个信号塔。手机位置数据可用于跟踪疾病模式、交通模式、零售购物者的习惯,甚至犯罪活动。

民意测验和调查

盖洛普公司和皮尤研究中心等民意调查公司收集关于时事的感知数据。这些数据既富有价值又吸引人。政治候选人和民选官员长期以来一直依靠民意测验和调查来了解市民的想法和感受,并对他们自己当选的可能性做出预测。

娱乐及消费者行为数据

美国网飞公司(Netflix)是网络视频流媒体播放平台巨头,该公司在过去几十年中投入了大量资源,以期为观众提供个性化的内容推荐。它是如何做到这一点的?每次您在其网站上观看甚至预览一部电影时,该电影的标题都会进入一个庞大的数据库,该数据库会影响此后网飞公司向您展示的推荐影片。通过这种方式,您和您所生成的数据产生交互和相互的了解,这就是人工智能的基本定义。在未来,这些类型的人机交互,将在我们的日常生活中变得更加普遍。

时至今日,我们教育界应该更好地利用数据收集和数据分析所提供的学习机会,因为我们现在生活在一个深受数据驱动型技术影响的世界。在许多方面,数据启示型教育也已经来到我们身边,我们需要了解数据可以做什么、不能做什么,以及如何将数据启示型教育融入我们的最佳实践之中。

数据启示型教育

课堂教学已经对数据收集有所依赖。例如,测试学生以跟踪学生的学业水平、分析他们当前的能力、追踪自从上次测试以来他们所取得的进步程度;教师在整个学年收集所教班级的孩子们在语言流利度方面的数据,并为学生完成的作业打分,同时将这些作业评分情况记录在册等。目前,我们更擅长收集数学方面的数据,也许是因为衡量数学中的离散而互不关联的技能,比衡量学习的发展方法和语言运用更加容易。我认为,我们可能自然而然地喜欢或更有信心运用数字去衡量学生学习数学等更具体的、定量的东西,而不是语言、艺术等更抽象的东西。

学校系统和地区已经研发出非常精妙、复杂的方法，基于自适应性数据来匹配相应的干预性支持。教阅读的教师知道，学习基础阅读的学生需要借助于自然拼读法或早期阅读理解策略，他们所需要的支持可能不同于那些能够理解单词但却不能理解段落的孩子。美国大多数地区已经能够利用适应性评估来确定，在某位学生存在一定风险的评分时，他们将使用的特定的干预措施。

在地区层面，收集恰当的数据并分析其共性，就能够及早地发现问题并尽早地进行干预。北卡罗来纳州门罗市联合县公立学校是学生学业表现非常出色的学校系统，其成功部分归因于该学校系统能够利用数据，制定改善学校和学校系统所需的关键策略框架。当然，收集数据只是一方面，弄清楚如何处理数据才是至关重要的。就此，联合县公立学校教育学监安德鲁·G.霍利汉博士提供的建议如下：

第一步是弄清楚所收集的数据能够告诉您什么信息。您的不足之处在哪里？您的成功之处在哪里？有助于改善的良机是什么？您如何继续努力以确保不会半途而废，不会放弃那些正对儿童产生积极影响的事项？让您所收集的数据为您提供驱动力。数据讲述了您一路走来的故事，它来源于事实，而不是源于意见和看法。

以下是我们的教育系统在目前的情况下，可以利用数据来落实的一些事情：我们可以测评学生的学业水平，尤其是数学水平，还可以基于数据采取相应的干预措施，尤其是在学生的阅读水平方面。在地区层面，我们可以学习如何解读数据，以创造早期干预机会，并取得积极的改善。但是，我们在教育领域不能满足于现状、故步自封，我们需要做更多的事情。如果我们能够监控和跟踪学生个体学习和成长方面的有意义的数据，并将其与同龄人的数据进行比较，然后引导学生沿着进步最快、最有效的教育路线前进，结果会怎么样？

我们还可以做得更好的方面是收集感知数据。收集感知数据的意义不容小觑。教育学监、校长和其他教育管理人员可能倾向于将从民意调查中所收集的见解视为主观看法，而不是所谓的"硬数据"（hard data）。这种倾向性看法是错误的。

感知数据蕴含强大的力量，我们可以基于它做出预测——前提是您知道如何解读它。

感知数据具有预测力

盖洛普公司在一项特定的调查中，审视了它在一所学校所收集到的大量数据。数据显示，学生对其参与度及成绩和表现的感知度评价很高。但事实证明，参与度相对于成绩和表现而言的重要性不及幸福感——至少在盖洛普公司所开展的这项调查中情况如此。尽管学生针对调查所做出的回答展现出他们高度参与学业，但是他们的回答也体现出他们的幸福感很低。在调查中，学生们表示，他们在社区中感到不安全，觉得和外界缺少关联，他们对自己的人际关系也不满意。

为什么这项调查结果很重要？

这些学生感知到自己缺乏幸福感，很快调查结果也显示学生的参与度分数骤然下降，并且随之出现了学生在测试和表现方面的分数降低。由此可以看出，学生对幸福感的感知，是反映其学业表现的一个首要指标。也就是说，感知数据具有预测力。这些数据还表明，与参与度相比，幸福感对于衡量学校表现的好坏更为重要（请记住，学校开展的是促进学生全面发展的全人教育）。如果以一种更加直观的方式来呈现上述调查结果的话，我们可以得出这样一个具有预测性的数据链：幸福感 → 参与度 → 学业表现。

从上述盖洛普公司调查结果中我们可以汲取什么经验？答案就是，请关注那些针对学生开展的调查。当您看到学生的幸福指数降低时，请着手准备干预，否则，您很快就会看到学生的参与度和学业表现方面的分数也会随之降低。这在新冠肺炎疫情暴发后，以及因乔治·弗洛伊德被杀害而在美国引起国内骚乱之后显得尤为重要。无论是在2020年秋季还是2021年春季重返校园复课，学生都将面对高度的焦虑感和严重的精神创伤。在这样的情况下，获得关于学生幸福感的感知数据，对做出决策和给予学生支持都至关重要。

跟踪学生的幸福感，就需要我们了解学生在校园围墙外可能正在经历什么：是精神创伤还是家庭困难？在对学生进行民意调查时，盖洛普公司发现了以下五大提升个人幸福感的共同因素：

- 学生每天是否都有使命感？
- 学生之间，以及学生与老师之间是否建立了有意义的关系？
- 学生对食物、睡眠和运动的生理需求是否得到充分满足？
- 学生是否觉得与自身之外的事物有联系？
- 学生是否有安全感？

盖洛普公司在其民意调查中发现，70%的学生在其中一个方面的回答是肯定的，但只有7%的学生满足以上五个方面的要求而蓬勃发展。

有了调查数据，我们才能进行更深入的对话和开展进一步分析。调查是一种工具，能够及时告诉我们，在某个时间点发生了什么情况，从而可以帮助领导者和教育工作者确定应该如何应对这些情况。一旦您掌握的数据表明学生感到孤独或害怕，您应该恰当地予以回应。可能的应对方式包括询问更多的问题——尽管不是调查类型的问题。实际上，教育工作者需要参与各种对话，在这样的对话中提出真实可靠的、关心学生的问题，从而确定所有学生的幸福感状况如何。

数据驱动型机遇

在地区层面，数据分析有助于解决非常实际的问题。例如，技术可以帮助领导者制定个性化课表，从而让学生拥有不同时长的课堂。这些个性化课表可以让学生全天有更多时间参与不同类学习。例如，让一些学生上30分钟的代数课，而让有些学生花60分钟或90分钟的时间上代数课，具体时长取决于他们的学习需要。由于涉及如此多的变量，如果您所在的学校系统由200名学生组成，那么打造一个弹性课时安排的上课日是比较容易的。但是，如果您所在的学校系统有30万名学生，安排这样的弹性课时任务就复杂得多。

> **专家视点**
>
> 我们希望开发和利用分析工具来帮助解决实际问题。您如何为教学日落实相应的支持？您如何才能更好地发挥教学人员的作用？我们正试图利用收集的数据并建议地区——尤其是大的地区——解决这些类型的问题。
>
> ——大卫·贝恩
>
> 霍顿·米夫林·哈考特出版公司主管学术规划与分析的副总裁

地区还可以利用数据来解释和预测该地区的重要人口趋势。例如，谁在买房、有多少家庭无家可归或有多少孩子出生在单亲家庭。跟踪这些人口趋势数据，对于试图关注特定人群的学校领导而言，意义重大。

数据分析对于地区如何理解和决定预算、提供什么服务、需要如何参与社区服务、需要提供何种程度的干预等都是至关重要的。学校不再只是学生记忆事实或吸收知识的地方，而是存在于由一个个家庭所组成的社区之中，这些家庭的健康状况和财务状况与教育需求之间存在很大的关联，并会最终影响课堂上教师和学生之间的互动。

如果没有人口统计方面的定量数据，教育学监和其他高层教育领导者只能靠猜测、凭直觉和借助过去的成功经验，虽然这些方法在某些情况下是可行的，但它们本身并不是可靠的决策工具，而这些重大决策会影响大量人口。领导者必须就如何服务特定对象做出决策，而定量数据如果经过适当分析和智能化的解读，就会为领导决策提供强有力的信息。

我们可以收集有关数学科目和阅读技能的测试数据，但是能否收集有关社交和情绪学习能力，即所谓的软技能方面的数据呢？未来也是有希望的。根据美国明尼苏达州 playworks 公司执行董事肖娜·麦克唐纳的说法，一个名为"反思科学"（Reflection Sciences）的组织和明尼苏达大学（University of Minnesota）携手开发了一种执行功能测评量表，用于测评社交和情绪学习能力。这是我们目前拥有的唯一有效且性价比高的社交和情绪学习能力测评标准。有了这个测评工具，教育工作者就可以测评学生在执行功能测评量表中的位置，而了解这一点，对于开展培养全面发展学生的教学方法，并为学生的长远成功做好准备是非常重要的。正如麦克唐纳告诉我的那样，采用这种新的测评方法后，我们"才开始真正了解，在幼儿教育时期，不仅在学前班，而且一直到小学期间，如果我们在测评和支持孩子们的社交和情绪学习能力方面投入的话，这样的投入以后就会获得回报"。这种早期教育投资会减轻初中和高中阶段的教育工作者所承受的教育负担和教育成本，而目前，初中和高中教育工作者面临的艰巨挑战是，学生要在更高学业阶段取得成功，必须具备一定的社交和情绪学习能力，而他们不得不把缺乏这种能力的孩子进行分流。

数据"梦想"

随着数据收集和数据分析取得进展，我们开始看到所谓的"互联教学平台"（connected teaching platforms）。这些平台收集评估数据，并为教师提供实时的教学建议。这是教育领域所有数据专业人士的梦想———一个统一的平台，可以在课程和活动开展过程中对学生进行评估，然后向教师推荐适合学生个体或特定群体的最佳教学内容或教学策略，而且教师能够看到其他教师在面对类似学生、碰到类似挑战时选择了哪些类型的内容。典型的成长率或反应率是怎样的？先后顺序是否重要？也许最重要的一点是，"互联教学平台"不是在常规学习活动之外运行的，而是与学习活动相结合的。

试想一下，如果一位教师教 150 名学生，他可能无法确定一些潜在的原因，例如，为什么对于某一个学生而言，学习代数如此困难。但是，这种类型的数据技术却可以帮助教师找出该学生的困难所在，即由于他对几年前已经学习过的关键概念存在根本性误解。也许，教师可以通过非常仔细的询问发现这一背后的原因，但这个过程会很耗时，并且会占用与其他 149 名学生相处的时间。这也体现了将创新型学习策略融入课堂存在的主要障碍之一，是教师经常被要求承担太多耗时的任务。我认为，教师之所以回避采用一些最为高效的教学策略，至少部分原因在于，由此而产生的负担有所增加。而"互联教学平台"提供的数据可以减轻教师这方面的负担，并将教师解放出来，腾出时间和精力从事更加有创造力的、建立关系的工作。我们知道，这些工作对于课堂而言是最重要的。

最终，我们建立统一平台的目标是持续地收集数据，不仅可以记录和追踪学生的情况，还可以基于此数据提供有意义的干预措施。我们希望能够通过正式的和非正式的报告收集数据，例如，学生在玩在线教育游戏时，我们希望能够在此过程中对学生的技能进行非正式评估，以创建更完整和更全面的学习档案。这种类型的适应性评估可以每年开展3次,也可以在一周之中任选一天开展:学生在家做作业时,或者在晚上,或者在学生玩在线游戏时。这种非正式评估可以指导教师确定第二天的课程内容。

大部分技术已经出现,我们对这些技术可以加以利用,而且是以尊重和支持教师核心优势的方式加以利用。但是,我们难以走出舒适区,也难以接受数据带来机遇的心态。几乎在每个行业,当领导者引入数据管理技术时,最初都会遭遇大量的阻力。在教育行业,情况也如此。像许多变革一样,采用数据分析需要信任。使用数据分析这项技术,可能还需要学习新的技能、流程和思维方式。教育工作者——如同医疗保健专业人士、金融分析师或娱乐公司的高管——将及时看到数据收集、数据管理和数据分析如何切实改变他们的工作,并改善他们所服务的学生的生活方式。

数据将使学生的学习个性化,就像健康数据使患者的健康保健服务个性化一样。正如在前一章中所论述的,我们已经开始使用蓝思分级阅读测评框架来实现学习个性化。我们看到,一些教育科技公司和出版公司逐步往前迈进,以期创建这些互联类型的一体化系统,尤其是在数学方面。我们会享有数据资源并得到绝佳的统一平台。有些地区的进展会比其他地区快得多。我相信,当一些地区开始实际利用此类数据时,所有地区利用数据的需求都会受到政界、家长和媒体的推动。最终,我们将在数学、阅读甚至是科学和社会学科等二级学科领域引入这些类型的数据系统。当我们这样做时，这些数据系统就会真正改变我们课堂的运作方式。

尽管有这么多奇妙的数据驱动的机遇——包括学生个性化学习、推动大规模的弹性教学日程安排、根据人口统计数据做出明智的决策等——但是，即使是最好的数据也具有局限性。数据并不总是十全十美的，它并不能提供所有问题的解决方案。

数据并非终极要义

我们利用数据捕捉到的东西是有限的。我们人类所具有的独特且重要的技能是很难（尽管并非不可能）加以衡量的。更重要的是，技术永远无法取代有意义的人际互动和人际关系。最复杂的数据分析，也无法教人们如何相互协作，无法创造真正新颖而美丽的事物，不会关心社区的福祉。因此，我们需要教导人们"**利用**"技术和信息，开展人际互动、数据模拟和解决问题。您如何利用技术来可视化大型数据集？您如何考虑和分析所收集的数据？您如何将您的发现传达给别人？

最后，我们需要记住的是，数据只能好比是一张张快照，展现任何特定时刻的情况。我们中的许多人可能过度关注数据及数据带给我们的启示，部分归因于有些人使用数据是用以证明他们所取得的成就。我们是一所很棒的学校或一个很棒的地区，因为数字证明了这一点！通过这种方式，我们将有意义的数据降格为用作比较的数据点，而不是利用数据指引我们对现状做出改善。我们中还有许多人倾向于使数据过于复杂化。如果我们要测评学生的参与度，我们会设计20个数据点。当参与度包含20种不同的内容时，就不可能设计和实施有意义的干预措施。在这种情况下，问题在于数据太多、变量太多，数据可能会变成一个破损的镜头——意味着，数据提供的情况快照，实际上并不能帮助我们改善日常情况。

> **专家视点**
>
> 数据可以告诉我们一些情况，但不是所有情况。我们还需要强有力的学习机会，以建立联系和发展创造力。我认为技术无法教授这些技能。
>
> ——凯伦·卡托
> 美国数字承诺教育技术中心总裁兼首席执行官

教育面临的挑战之一是我们必须允许数据给我们提供建议和指导，而不是支配我们采取特定的方法。我们需要尊重教师的身份，因为教师拥有的一个核心优势是他们的才能，他们能够基于对儿童发展规律的了解及他们与学生之间建立的关系来策划教学活动，并让学生开展体验式学习。正因为这一点，我相信,未来最强大的技术将类似于虚拟助教,它可以监控学习进度并建议采取什么教学策略,同时仍然将真正的权力赋予课堂内的教育工作者,由他们选择开展何种学习体验。

归根结底,数据收集和数据分析并非万无一失,它们只是更远大图景的组成部分。人类仍然需要通过判断力和经验来做出决策,而且在做出这些决策时,领导者仍然需要苦口婆心地说服和激励其他人将这些决策落实到行动。没有落实到行动的决策是毫无意义的。

将数据转化为行动

这里我想问您一个简单的问题:三只青蛙坐在一根圆木上,一只青蛙决定跳下圆木。请问圆木上还有几只青蛙?

在您回答之前,我给您一点提示:决定不等于行动。例如,决定买房、决定写小说或决定创业都与务实地投入并将决定落到实处是完全不同的。数据也是如此,它可以为我们提供信息,让我们大开眼界并影响我们的决策,但是,我们仍然需要采取行动。否则,数据就是无意义的。

因此,上面问题的答案是:圆木上还有三只青蛙。

我们作为领导者需要知道如何付诸行动。除非我们根据调查结果采取切实行动,否则,即使我们收集到最好的数据、做出最有洞察力的数据分析，也都毫无用武之地。这一点对于开展民意测验和调查，尤其如此。我们需要谨慎并采取负责任的态度处理此类数据。如果我们不断地向学生们提问，却未能将征询到的回复转化为有意义的干预措施，学生们就会觉得他们的意见无关紧要。所以，当下一次作为调查对象被询问时，学生们就不会提供真实的、有意义的回复。我们知道，这会导致他们的参与度下降——伴随其后的将是表现滑坡、成绩下降。

所有教育工作者都必须致力于将数据转化为行动。数据分析不仅是教育管理者和领导者的工具，也是所有的利益相关者的工具。尽管我们可以收集大量的数据，但是许多教师并不确定如何围绕调查数据、统计数据、发展趋势或其他调查结果制订课程计划。评估数据并提出恰当的问题，是需要实践积累和一定技巧的。根据数据显示的信息，什么样的课程内容最合适？什么样的教学计划最合适？哪些学生应该被分在一组参与特定的学习体验？这些类型的问题会造成实际操作上的混乱甚至瘫痪。因此，学校领导的部分工作职责应当是，帮助教师学习如何将数据转化为行动。

教师可以与专业学习社区的同行合作，仔细分析和理解数据，并反思数据所揭示的信息，从而通过这种方式来开发最能满足课堂需要和学校需求的课程。

未来应该汲取的经验和教训

- 数据——包括定量数据、定性数据、感知数据和预测数据——无处不在。对数据加以仔细分析,可以令我们受益良多,因为我们可以利用数据为开展课堂个性化学习提供信息,还可以推动地区决策并支持学生成长。

- 感知数据比我们许多人意识到的更加强大。通过民意测验和调查所收集的数据,我们可以预测学校或地区的发展方向。

- 数据分析可以帮助教育领导者解决实际问题——例如,课堂或学校的日常教学安排——从而推动学校层面或地区层面决策。

- 我们的梦想是创建一个互联的、一体化的评估和学习平台,从而促进个性化学习的开展。这种类型的一体化系统可以开展持续的非正式评估,可以发挥教师的虚拟助手的作用,并且提供优化的学习干预措施。我们已经朝着创建这种类型的互联数据平台迈出了一小步,但我们尚未实现这一梦想。

- 数据可以捕获的内容是有限的。它只是提供了一段时间里某个时间点的情况快照,只显示了更远大图景的一部分。为了做出正确的决策,我们仍然需要借助人类特有的判断力对数据加以解读。在这个数据快照被认为是准确的,并且也得到了恰当的诠释后,我们还要将从数据中所获得的启示落实到行动。没有付诸行动,数据则毫无意义。

反思工具

日　期：_____

小组会议前：

本章中哪些想法引起了您的共鸣？您有任何疑问吗？

_____
_____
_____

回顾本章中"未来应该汲取的经验和教训"部分。您希望作者还谈及其他哪些主题？

_____
_____
_____

小组会议期间：

小组会议期间，小组成员提出了哪些重要的想法？

_____
_____
_____

您从会议讨论中吸取了哪三个方面的关键信息?

1. _____
2. _____
3. _____

小组会议后:

　　请您对会议中讨论的内容进行反思。它是否改变了您的观点?如果是的话,又是如何改变的?

_____
_____
_____

　　为了有助于实现教育的发展演变,您下一步拟采取的举措是什么?

_____
_____
_____

补充说明

第8章 未来课堂

预期研习成果：

- 理解这一点：让**所有**学生都身心健康应该是我们教育的首要任务。
- 讨论未来课堂是怎样的，以及教师的角色将随之发生怎样的变化。
- 确立支持教师参加职业培训的最佳实践。

研习主题：

- 随着新冠肺炎疫情暴发，学校转向线上教学，我们见证了技术的用武之地及不足之处。远程学习和远程学习平台有什么好处？又面临怎样的挑战，尤其在涉及公平问题方面？
- 新冠肺炎疫情暴发也凸显了学校作为社交空间的重要性。由于未来课堂将包括远程学习形式，我们如何继续在学生和教师之间建立有意义的连接？同样，我们如何开展线上教学及鼓励开展线上的社交和情绪学习？

- 韦斯顿·基施尼克（Weston Kieschnick）认为，我们需要"踩下创新的刹车"，从而创造有效的且吸引人的混合式学习方法。基施尼克的这一观点似乎有悖于我们所听到的其他关于如何重新构思教育的观点。基施尼克所说的"踩下创新的刹车"是什么意思？他的五步走框架如何支持这种方法？

- 线上学习最主要的障碍就是学生参与度不高。学生在远程学习或在混合式课堂学习时，我们如何抓住他们的学习兴趣并加以保持？我们如何激励学生坚持完成一个有难度的话题或一门有难度的课程？

- 本章提出的建议是，教师必须履行以下四种新角色才能在未来取得成功：社交和情感学习顾问、关系建立者、学习促进者和教育技术专家。请两人一组并选择其中一种角色进行讨论。这种角色具体涉及什么职责？它与过去的教学方法有何重叠之处和不同之处？集合所有小组，请每一组分享他们的回答。

行动步骤：

- 要想取得真正的进步，我们需要将意识落实到行动。明确这一点，并反思您可以采取哪些可能的行动来帮助我们的教育系统实现发展演变。与小组成员分享，在即将到来的学期或学年，您将致力于采取哪些行动。

- 至少选定三位教育工作者，推荐他们阅读本书。与他们分享您自己的经历。在他们重新定义和重新构想教育系统以确保所有学生茁壮成长的过程中，请给予他们支持。

我们已经迎来了时代的转折点。

受新冠肺炎疫情影响，原本在未来才出现的学校和课堂提前到来。在短短几周内，世界各地，从幼儿园到高中的基础教育（K-12）被迫转为线上学习模式。截至2020年5月，160多个国家的学校停课，使得世界上近87%的学生与其同龄人和教师分开。仅在美国，就有超过5500万名学生尝试在家学习。

教师们争先恐后地在网上上传内容，与学生建立线上联系，并尽量让每个学生的学习生活有点规律。管理人员和教辅人员想出了一些富有创意的解决方案，向有需要的学生分发餐食和学习资料包。与此同时，家长们——其中许多人是第一次意识到一边居家工作一边支持孩子学习有多困难——都在努力适应新的现实。

家长们曾经有没有像现在这样重视老师和学校？可能没有。这样的特殊时期证明了今天的教育工作者并非"失败者"，他们是现实世界的英雄，应该得到称赞和掌声。试想一下，因为新冠肺炎疫情，老师们突然之间不得不从在一间教室里教30名学生，转变为试图通过电子设备去接触、安抚和影响分散在30个不同地方的30名学生。曾经的教学在井然有序又整洁的教室里开展，而现在的教学地点变得分散，精心准备的教案也被搁置，这对我们所有人来说都是一个挑战。

当然，这次新冠肺炎疫情带来的线上学习经历让我们知道，由于远程学习有资源容易获得、随时可以访问、覆盖范围广、节约成本等优势，这种学习模式将是未来教育的重要组成部分。Zoom等商务沟通平台已经变身为学习平台，利用这些教学平台，我们可以有效地进行讨论和互动反馈。我们知道，学生可以在线上共享项目成果且开展远程协作，其中许多都是曾经讨论过、计划过和被寄予厚望的概念或沟通媒介，但从未大规模地得到测试或贯彻实施。然而，我们现在已经看到，我们可以将这些概念或媒介融合利用。通过这种方式，新冠肺炎疫情的暴发加速了技术在教育中所发挥的作用。

但是，令人遗憾和难过的是，教育方面已经存在的许多问题也被放大了。

随着学校教育几乎完全转为线上开展，我们首先认识到的问题之一就是，技术凸显了教育领域业已存在的许多不平等问题。一方面是家境富裕的学生，其父母为孩子聘请家教并创建自己专属的学习社区；另一方面则是其他家庭需要面对诸多的基本问题，如饥饿、失业和无家可归等。想一想，学生参与数字学习需要的工具：他们必须拥有可以访问互联网和高速连接互联网的设备，并且——根据他们年龄的不同——可能需要父母、监护人或看护人提供帮助。这看似很简单、很容易就能实现。但事实是，近1200万名美国学生在家中无法访问互联网，有些人可能只能通过手机访问，因此无法完成所有的学业；一些学生住在乡村地区，缺乏线上学习需要的互联网服务或手机通信；在美国，还有130万名学生无家可归。再加上数百万名英语学习者，您可以看到，我们面临多么巨大的挑战。

由于美国许多人都居家抗击新冠肺炎疫情，一些教师报告说，仅有20%的学生可以参与网上课程。这就意味着他们班上的大多数学生错失了宝贵的学习机会和社交机会。等到我们的学生重返课堂时，他们可能已经落下了几个月的教学内容，这些教育方面和社交能力发展方面的差距都是难以弥补的，也是我们真正需要关注的。只有解决了这个问题，我们的教育才能迈向未来。在许多方面，这是一个涉及资金支持、社会关注的优先事项和基础设施发展的政策性问题，但这并不能改变这样一个事实，即我们作为教育工作者仍然需要认识到这些不平等问题，如此才能更好地谋划未来。

我们必须赞扬和褒奖教育工作者在本次危机中所做出的令人惊叹的努力。但是，很明显的一个问题是，对于许多学生而言，虚拟教室是可望而不可即的——或者现在这根本就不是得到优先关注的事项。线上学习和远程学习是有缺点的，但这并不意味着技术不是教育演变发展中的一个组成部分。它们存在缺点，确实意味着我们需要重新考虑优先关注的事项。技术肯定无法取代教学中必不可少的人文素养，但这次因新冠肺炎疫情影响而开展的线上教学也凸显了技术的价值。那么，我们究竟应该如何着手应对这些挑战呢？首先，我们需要重申，我们必须致力于变革。

不要再找托词

我们什么时候才能回归正常？我们永远都无法回到过去。我们迎来了一个新常态。而这种新常态意味着，我们没有任何借口不做出改变。如果我们要在技术驱动型的全球化经济中，为学生提供最佳的学习机会以便他们能够收获成功，那么，我们作为教育工作者就必须改变学生的学习方式；如果我们想要重建我们在历史上曾经取得的经济强国地位，我们就必须做出改变，强劲的经济为我们整个社会带来了一片繁荣景象；如果我们希望继续为有需要的同胞们提供福利和支持，我们就必须做出改变；如果我们希望为实现公共教育的公平性和卓越性提供资金支持，以便我们国家的所有学生都能发挥他们的潜能，我们就必须做出改变。

整个教育行业和我们每一位教育工作者都必须做出改变。我们再也无法容忍，就连作息时间表或校历这样简单的事情几乎都无法更改的情况。我们必须共同将这些实践和体制认作是"既定事实"，不再是我们作为21世纪教育工作者的校园文化、愿景或思维方式的一部分。

我们的"一切正常"不能再是一切照旧，它必须演变发展。

而这种改变则发端于我们教育工作者。

我们作为领导者必须转变，要更加敏锐、灵活、富有创新精神和有担当，正如我们要求学生做到的那样。我们必须这样做，以便我们能够引领和推动社区开展迫切需要的变革；我们必须这样做，以便我们可以开始创建更加灵活和更富创新性的课堂、学校和学区，从而满足学生迈向未来的需求，并为所有学生提供公平的环境。

在更灵活、更具创新性的学校和学区工作会带来巨大的好处，这能使身处这样工作环境的教育工作者变得更灵活、更具创新性。并且，我们会将这些技能投射、传递给我们的学生。他们也需要具备这些技能和能力，这样才能在一个充满不确定性、竞争异常激烈的世界里生存和发展。正如人们经常说的："欲变世界，先变自身。"如果我们自己具备这些技能，我们就会更自然而然地将其融入我们的课程、课程计划和课外活动。我们也会让我们的学生熟悉在现代的、更具社会相关性的环境中工作和学习。我们必须付诸行动。如果我们在新冠肺炎疫情暴发期间有所得的话，那就是，我们知道了要把我们的学生的健康和幸福感放在首位，这是非常重要的事情。

培养身心健全的孩子是第一要务

新冠肺炎疫情来袭时，很多教育工作者最初关心的是什么？是标准化考试吗？不是。是给学生拿书本和作业吗？也不是。教育工作者最初关心的问题是，如何养活所有面临食物短缺的孩子、如何满足接受特殊教育的那些学生的需求。

教育工作者最为关心的是学生的身心健康。他们想要确保孩子们吃到有营养的饭菜，既要让学生们身体健康，又要营造出最起码的正常秩序感。学校停课后，教育工作者找到了许多富有创造性的上课签到方式，例如，发送短信、个性化视频，甚至驾车穿过学生们所在的社区，车上载有写着"我想你们"的标语牌。正如在本书第3章中所述，学生们的身心健康已成为学校的核心责任。

我们狭隘地关注学生是否可以通过下一次测试、是否能升入高一个年级，这些是远远不够的。令人感到悲哀的是，我们已经目睹了强调学业高于其他一切的不良后果。学生中存在心理健康危机的人数令人震惊。正如我在第1章中所指出的，学生中焦虑和抑郁症发病率猛增。在过去，我们没有把孩子视作一个健全的人来对待。在2020年后的世界，这是令人无法接受的。我们现在明白了，将学生培养成心理健康的人，是所有儿童教育的重要组成部分。

> **专家视点**
>
> 课堂参与需要100%的情感投入。打个比方，如果学生在学校有一个最好的朋友和一个关心他的老师，那么这些因素就是学生想要上学的首要原因。如果您能让学生具备这两个重要的因素，那么他们就愿意去上学，因为他们可以见到最好的朋友，而且他们会得到真正的照顾。
>
> ——凯蒂·里昂
> 盖洛普公司负责高等教育的总经理

在新冠肺炎疫情暴发之前，估计有超过60%的学生经历过某种精神创伤，如忍饥挨饿、家庭暴力、父母离异、生命无常或无家可归等。

嗯，现在这个数字已经接近100%。

课间休息时，我们的学生面临着比功课更大的担忧：我所爱的人会生病吗？我该如何完成我的功课，然后再照顾我的弟弟妹妹？如果我在家感觉不安全怎么办？由于新冠肺炎疫情造成了学年中断，识别和帮助那些最脆弱学生的任务变得更加复杂，涉及方方面面。遗憾的是，这种情况已发展成为一种新常态。就像不平等问题一样，这些都是学生和教育工作者每天必须面对的挑战——现在我们需要在这些任务清单中再添加一项新的令我们焦虑的事项，我们不仅要担心校园枪击事件和校园霸凌，我们还要担心我们的孩子与其他30名打喷嚏、咳嗽的孩子待在一个封闭的空间里。令学生在学校缺乏安全感的问题清单上又增加了生物危害这一项。对于在家中遭受精神创伤的学生来说,学校一方面是他们逃避创伤的地方,同时也可能是造成新的创伤的地方。

展望未来,对于那些在学习主要课程和建立信任方面苦苦挣扎的学生,我们需要开展有意识的计划干预来满足他们在心理健康方面的需求及他们在社交和情绪学习方面的需求。他们还需要时间来重建与教育者之间的关系,即"严谨性/相关性框架"中的第一个"R":人际关系。对于那些遭受严重精神创伤的学生而言,解决人际关系方面的需求将是一项严峻的挑战,尤其是在线上学习变得越来越普遍的情况下。

校园之外的学习和关怀

学校是一个社交空间,学生可以在校园里与老师和同学开展互动并建立关系。在无法面对面地互动的情况下,我们如何继续建立有意义的联系?事实证明,通过云视频通信软件是很难做到这一点的。科技往往会增加人们的孤独感。现在的孩子们都与他们的智能手机密不可分,即使他们不断地与朋友保持联系,但这并不意味着他们能够体验那种深刻的、有意义的关系。除此之外,他们现在无法面对面见到他们的朋友和家人——无法参加毕业典礼或参加团队运动。这些情况都是滋生和蔓延学生心中孤立无援、郁闷甚至绝望感的沃土。

但是，您如何以虚拟方式培养学生的社交和情绪学习能力呢？您如何通过视频传输形式让学生体验有组织的游戏活动呢？现在，教育工作者与学生远程互动，如何回应这些问题显得尤为重要。我们都只是网络另一端的一张脸，和学生之间被数英里的空间阻隔开来，并且受限于数字延迟问题。我们可以告诉我们的学生，我们关心他们。我们可以让学生确信，我们很快就会见到他们。但是，我们无法管理他们身处的文化环境或学习环境。我们无法实时监督游戏活动或教学活动的开展。我们只是屏幕上的一张脸，在学生经历的种种焦虑和困惑中产生较为单一的影响。正如我们现在所知道的，通过在线门户网站创建井然有序且高效的课堂，营造那种润物细无声的支持性学习氛围难上加难——尽管并非完全不可能。

我们真的可以在网上与学生建立这种关系吗？我们可以通过电子邮件或短信解决学生在情绪和身体健康方面的问题吗？技术难以解决向学生传授社交和情绪学习能力所面临的问题，这一问题根深蒂固，在新冠肺炎疫情暴发之前就很明显，现在则愈发凸显：承受着生活压力的学生很难投入到他们的学业活动中，更不用说表现出类拔萃了。没有了课堂上固定的联系时间，教师会发现他们很难与一些学生甚至是很多学生建立联系。是的，我们的联系方式比以往任何时候都更多，但是我们发现自己非常渴望归属感和建立更真实、更真切的关系。让远程学习感觉不那么有距离感的要素之一可能是，从全面关注学生本身的身心健康转变为关注他的家庭和他所处的整个家庭氛围。

从关注学生本身到关注整个家庭

尽管我们一直都知道，家庭是保证学生高效学习的核心，但是，最近发生的事件使得家庭比以往任何时候都更为重要。出于这个原因，我们作为学校领导，需要将关注学生身心健康的全人教育理念再推进一步：我们需要开始考虑孩子身后的整个家庭。虽然我在第4章中深入介绍了社区学校的理念，但是，在这里，有必要重申一次这个理念。

社区学校提供医疗服务和心理保健，提供家庭事务方面的法律咨询，提供食物、衣服及其他多种必需品。社区学校还可以通过社区伙伴关系，为学生取得学业成绩提供额外支持，如提供家教辅导、田野调查及在当地企业和组织进行实习的机会等。放学后，学校不需要关闭，因此，学校可以继续作为许多家庭和社区成员聚集交流的场所。

社区学校的目标是扩大服务范围，以支持学生在学业方面取得成就，解决他们的身心问题，并方便在家校之间建立联系。研究表明，当学生有安全感并与所在社区学校建立联系时，他们更有可能参与学校的活动，而且，他们的父母也会更乐于参与学校的活动。在许多方面，这是对家庭的投资，让家庭作为教学合作伙伴和营造学校文化的直接参与者。虽然我们可能被迫保持一定的社交距离，但是，总有一天，我们会回归这种学校文化，回到线下正常的学习空间。

历久弥新：新事物，旧事物

未来的课堂将是混合式的。在当今世界，技术是必需品，因为学生在未来的工作中需要轻松自如地利用技术。在迅速过渡到远程学习模式之后，我们可以更清楚地看到，我们的学校必须演变，以便以一种有效的方式将技术融入学习过程。在课堂上采用新工具，可以帮助教师减轻某些耗时的任务，如跟踪学生学业水平的变化情况及给学生评分，新工具还有助于教师着手教授那些在未来学生需要具备的技能。

我们甚至在新冠肺炎疫情暴发之前就看到了教育中的这种变化。线上教育课程在美国如雨后春笋般涌现，许多公立学校启动在线课程模式以创造更加个性化的学习体验。美国已经有很多数字平台，而且教育科技公司等还在继续创建新的系统来促进学习，将来还会涌现更多的电子平台。与此同时，许多学区正在与出版机构和在线教育公司携手合作，改变教学材料和学习资源的开发方式和交付方式，所有这些工具和资源都值得引起广大教育工作者关注，每一种工具和资源都有可能提高所有学习者的参与度。但是，归根结底，它们只是工具——只是学习的渠道和方式。为了真正有效地培养身心健全且全面发展的学生,我们需要利用这些工具和资源,并且融入那些经过时间洗礼的被证明是有效的学习策略。

古老的智慧和新兴的技术

我们生活在一个不断炒作教育创新或教育重构的时代。我们一遍又一遍地听到各种纷繁复杂的想法——包括在线课程、个性化学习、每个孩子手上都有一台安装先进教育应用程序的平板计算机。有些糟糕的口号和标语更令人无语——"颠覆教育体制""速战速决并突破创新""做点什么(任何事情)总比什么都不做要强"。有些人选择采取激进的解决方案,但却无法提供证据表明这些解决方案会奏效,而且这些想法往往是伴随着经济形势恶化而出现的,试图将改善经济形势的全部希望都寄托在学校管理人员、校长和教师的身上。试想一下这个压力和担子有多重!

的确,我们需要适应不断变化的全球经济形势。如果本书您已经读到这里,您应该已经知道这一点。但也应该清楚的一点是,正如我们从经历新冠肺炎疫情所了解到的那样,技术和创新是有其局限性的。我们现在知道,草率地或仓促地实施一些解决方案,会导致产生的问题多于解决的问题。

因此,要创造高效的且能让学生投入学习的混合式学习模式,第一步就是韦斯顿·基施尼克所提出的"踩下创新的刹车"。他说的没错。为了更好地创新,我们需要放缓创新的速度。我们需要停下来,喘口气,仔细思考一下本章中及本书其他章节中所讨论的许多问题。我们需要对当今的现实情况有切实的了解,并且脚踏实地憧憬明天的图景。我们都在努力地应对当下快速发生的变化,但是,我们更需要放眼关注2025年、2028年甚至2030年的情况。基施尼克所著作的《果敢无畏的学校:古老的教育智慧+新兴的教育技术=高效的混合式学习》(*Bold School: Old School Wisdom + New School Technologies = Blended Learning That Works*)一书,可以让我们更深入地了解如何开发和实施强有力的混合式学习策略。

他所提出的关于混合式学习的关键点之一是,"行之有效的总归会行之有效,不管有没有技术助力"。换言之,技术不是要取代这些学习策略,而是支持和协助开展有效的学习策略。考虑到这一点,基施尼克提供了以下简明的五步走框架以指导设计和实施取得成效的混合式学习模式:

1. 确定预期取得的教学目标和效果。
2. 选择一种行之有效的且与预期学习目标相一致的教学策略。
3. 选择(一种或多种)数字工具。
4. 计划混合式教学内容。
5. 用一个测评框架,对您的教学计划和进展情况进行自我评估。

这种方法将行之有效的学习策略放在首要位置，然后再考虑哪些技术工具最适合支持实施这些学习策略，这种方法与我在本书第 4 章中所论述的"严谨性/相关性框架"是一致的，我在另一本著作《严谨性、相关性和关系的互动》(*Rigor, Relevance, and Relationships in Action*) 中也进行了详细论述。通过这种方法，我们就可以避免将已经摸索出的行之有效的学习策略抛之脑后，与此同时，又可以在课堂里借助平板计算机等工具提供技术支持。

随时随地学习

这种将"学习策略位列第一，技术工具位居其后"的方法，使我们那些经验丰富的教育工作者能够将经过实践检验的学习策略、技巧和方法与技术解决方案相融合。这种方式将技术利用作为手段，能够更好地挑战和调动学生，从而与传统的教学模式，即有些课堂上老师主导的满堂灌的模式大不相同。

这种方法在目前的情况下显得尤为重要，因为我们已经知道，混合式学习逐渐包括远程学习和异步学习，随着我们迈向未来，作为教育工作者的我们需要准备好从现场教学转向远程教学。新冠肺炎疫情教会我们的是，虽然我们理解也倍加珍惜课堂的价值，但是，我们不能被课堂束缚住手脚，我们必须能够将行之有效的学习策略迁移到线上平台的学习上。必然地，真正的混合式课堂必须包括在课堂内外开展有效的教学策略。

转向远程学习，不仅仅涉及教学媒介，它实际上关乎如何才能为学生创造更多的以学生为中心的个性化学习体验。如果我们通过新工具的加持，运用那些被实践证明是行之有效的学习策略，那么就能随时随地开展有效的学习——无论是在平常时期还是在危机期间。

2020 年，当教育界完全转为线上时，技术倡导者和未来主义者做出了很多猜测，他们认为这次新冠肺炎疫情带来的影响将改变一切。所有的学习都会转为远程学习。2020 年发生的事件的确改变了一切，但并不完全像大多数未来主义者所希望的那样。通过与数百名学校领导者和推动创新的教育工作者会谈，我意识到，情况和未来主义者们所希望的恰恰相反：师生在大范围内被迫分离，实际上向我们展示了课堂对于学习而言，尤其对于公平的学习机会而言是多么不可替代。

未来课堂

卓有成效的教学在教育中总会有一席之地。来自约翰·哈蒂等专家的研究成果很清楚地表明：教师对学生的学习成绩有着最为显著的影响。人工智能会在教育中发挥作用吗？这是毫无疑问的。数据分析和自动化会在教育中发挥作用吗？是的，一定会。但是，我并不认为机器或软件能够取代课堂里教师的角色。引申开来，学校和课堂在当下和未来都会比以往任何时候更为重要。

很少有人比我更提倡在教育中发挥技术的力量和优势。但是，我一直质疑这种论调：如果我们让技术颠覆师生之间的关系，学习会变得更好。在接下来的十年时间里，我们并不会在线上完成所有课程和学业，相反，教师和学生都将以更积极和更热情的面貌回归课堂。学生们会迫不及待地重返学校，是每个教育工作者的梦想。

我衷心希望，我们的教育工作者能够重新致力于发挥优秀教学实践的力量，并且营造支持学生发展的校园文化。在我看来，学校和课堂是社会最重要的缩影。在这里，我们应该教会学生如何开展合作，培养学生的同情心，将学生培养为好公民。我们可以尝试通过互联网传授此类课程，但是，许多涉及社交和情绪学习的自我管理技能只能通过课堂传授，并让学生安全地体验所学的技能。我相信，当我们在教育中更多地融入技术的力量和优势时，课堂体验本身将变得更加人性化，更加注重建立个性化的关系和社会联系。

线上学习模式仍然面临许多障碍，包括在讲授社交和情绪学习能力方面存在困难、数字化加剧了不平等问题、孤独感更加明显及学生参与度不高等。根据盖洛普公司所开展的研究，学生参与度不高是其在线学习时面临的最大问题。我们如何抓住并保持学生的学习兴趣？如何激励学生坚持完成具有挑战性的主题或课程？没有课堂里的学习氛围和严格要求，学生特别容易选择回避承担那些具有挑战性的任务或对他们而言困难的科目。为了克服线上学习出现的这些问题和缺点，学校和课堂需要建立在人际连接和人际关系的基础上，让学习对学生而言具有个性化的意义。

> **专家视点**
>
> 技术可以且应该被用作促进学习的手段，但是，技术永远无法取代课堂里老师的角色，老师才能确保学习活动切实开展。
>
> ——安德鲁·G.霍利汉博士
> 北卡罗来纳州门罗市联合县公立学校教育学监

我与许多教育领导者都认同：将技术融入课堂的最佳方式，首先且最重要的是，将重点转移到关注学生，而不是关注教学内容。曾几何时，我们将大规模开放在线课程（慕课，MOOC）视为未来课堂的模样，这是一个可以让数百万人学习的无限数字空间。这些类型的课程的确提供了学习机会，它们也将继续存在，它们会在教育领域拥有自己的一席之地。但是，实际呈现在我们眼前的，却是朝着相反方向发展的情形。随着人工智能、数据分析和自动化代替教育工作者承担某些教学任务（例如，评分、安排个性化日程表和某些类型的评估等），我们将看到的是，教师这一角色本身将变得更为重要，我们的注意力将转向师生关系。

通过这一转变过程，美国的公立基础教育（K-12）学校将开始更多地融入基于项目的学习和自主学习。未来的高中将更多地关注，为学生的职业发展做好准备，而不是为他们接受高等教育或投身特定行业做好准备，具体包括更加关注学生的创业抱负、金融知识和应用型学习等。这些转变可能会对传统的上课时间和课程时长产生影响。正如我在前一章中所提到的，我们可以利用技术来建立适应学生个性化学习需求的个性化课表，这种时间安排上的灵活性还可以提高学生的参与度，因为他们无须在音乐和数学等科目之间做出选择。有了个性化的时间安排，我们还可以为学生提供排在上午或下午的课程，或者排在单号日或双号日的课程，这样的弹性安排也为必要时开展远程学习和线上学习提供可能。

我们需要继续沿着这条道路走下去，让技术做其最擅长的事情，如提高课程的可及性、开展个性化教学及允许学生按照自己的节奏投入学习等。这样一来，教师就可以从一些琐事中解放出来，自由地做他们最擅长的事情，如加强人际关系、鼓励学生个体，并且支持学生个人能力和人际交往能力的发展。这将大大有助于培养富有生产力、尽责和敬业的公民，培养广受欢迎的员工更是不在话下。但是，这也要求教师在课堂上承担新的角色。

新目标，新角色

您有没有听过类似这样的话语："我只想教生物。""我入这一行是为了教孩子们如何阅读？"这些类型的声音，通常是教师被要求承担越来越多责任时发出的抗议。现在除了要求教师承担教学任务外，还要求他们承担学习顾问、激励者和信息技术专家的角色。曾几何时，讲课、布置作业和考试评分就是教师工作职责的全部，但是，未来的课堂需要教师履行的职责不仅仅是在学生面前完成一组特定动作即可。

随着我们的生活发生了翻天覆地的变化，教师在教育儿童方面及在美国文化中扮演的角色也发生了变化。教学很大程度上不再只面向坐在课堂里认真聆听的学生，这种远离课堂的在线教学模式在未来两年、三年或五年时间里持续存在。随着我们步入21世纪20年代，我们期望教师为每个学生都提供丰富有益且独一无二的学习体验。教师的日常工作不再是传播内容，而是设计引人入胜的学习内容，并引领学生吸收这些内容。书本不再是主要的信息来源；信息在手机、平板计算机及其他电子设备上随手可得。这将有助于教师为学生打造线上线下混合式学习体验，将学习从课堂延伸到家庭和社区。教师要想在未来课堂取得成功，就必须履行以下四种新的角色：

- 社交和情绪学习顾问
- 人际关系建立者
- 学习促进者
- 教育科技专家

前面的章节已经论及上述许多教师角色,而且在有些章节中,整个一章都是专门论述某一特定的教师角色。然而,在未来学校和未来课堂的背景下回顾上述每一种教师角色仍然很有必要。

社交和情绪学习顾问

教育工作者需要具备出色的社交和情绪学习方面的教育技能,并且能够支持那些来自草根阶层或受到情感创伤的学生群体。我在第3章中深入讨论了社交和情绪学习与教育,但是,我想在这里重申它在我们身处后疫情环境中的重要性。现实情况是,我们身处的世界变得越来越难以预测,而且变化的速度如此之快,以至于我们的年轻人常常感到焦虑和孤独,更不用说现实生活中还存在诸如校园枪击及疾病大流行等实实在在的威胁,这些都会影响学生的安全感和心理健康状况。教师需要响应学生的社交和情绪需求,并且帮助他们以健康的方式处理情感创伤。教师具有这方面的技能,对于发挥学生的潜力是至关重要的,并且教师这方面的技能水平高低,通常取决于教师能否与学生建立有意义的关系。

人际关系建立者

正如我在第 4 章中所讨论过的，有了牢固有力的人际关系，才能使学习有意义，并使落实严格标准变成可能。因此，教师需要提升自身能力，以便更擅长与学生、其他教育工作者、家长和社区建立关系。我们同属人类，而人与人之间是有关联的，我们想要感到被关注和被关心，并且想要有归属感，我们学生也不例外，这就是为什么教育工作者提升自己感知学生个性化需求的能力如此重要的原因——教师要能理解什么能让学生产生兴趣，并向学生提出有意义的、关爱学生的问题，以便能够更好地了解学生的情况，并激发学生个体的学习热情。教师主要关切的不是学生的智力，而是关于如何与学生建立情感联系，从而能够为每位学生提出富有创造性的、个性化的解决方案。

建立这种人际关系的需求延伸到教室之外，延伸到教师与同事及教师与教育主管之间，以及教师与学生家庭和社区之间。如果我们想帮助学生茁壮成长，保持有效沟通和协作的渠道畅通是至关重要的。随着美国继续成为世界上有着多元文化的国家，关注学生的个性化特征和品质就愈发重要，教师必须致力于与代表多种文化背景的学生建立联系。只有通过建立这种类型的人际关系，教师才能真正引领学生投入学习。

学习促进者

我们从有关认知学的研究中获悉，如果您亲自投入一些东西来学习，就更有可能记住所学的内容，但是，如果您学习只是为了机械地重复记忆知识或应付老师的检查，那么您可能无法永久地记住所学的内容。因此，教育工作者需要将注意力转移到促进学习的过程上，而不是站在讲台前讲课。今天，我们的学习方式比以往任何时候都要丰富。如果您需要解决某个特定的问题，您可以登录视频网站，找到一个相关视频来指导您完成整个任务过程。我们的学生知道这一点，他们已经可以熟练地使用技术来寻找问题的答案。这就是为什么我们的教育体制需要从专注于教学内容转变为专注于学习过程。教师会发现，如果他们扮演教育指导者、学习促进者甚至是共同学习者的角色，他们会取得更多的成就。教师不应该询问自己："我该如何教授这些内容？"相反，教师应该将问题重新表述为："我的学生要如何学习这些内容？"

为什么这个重新定位和重新表述如此重要？正如我在本书多个章节中提到的，学生需要成为终身学习者，需要不断获得新技能、更换工作，以及能够线上办公或现场办公。最好的老师能够发掘让学生参与挑战的教育方式，将学生转变为热情洋溢、独立自主的学习者，鼓励学生真正承担作为自主学习者的责任。那么，课程内容就必须与学生的生活息息相关，学习活动必须能够激发他们天生的好奇心，而且，评价方式必须能够衡量学生真正取得的成就，不能采取一些随意的武断的评价标准。在未来的课堂中，教师的职责将是开展个性化学习，而不是让学生为考试做好准备，这就意味着教师需要扎实地掌握技术，知道如何利用技术来支持行之有效的学习策略。

教育科技专家

在未来，精通技术需要的不仅仅是能够创建一个 Zoom 账户，还需要能够融合线下面授学习方式及数字学习两大领域。未来的教师必须能够通过技术开展协作、交流、学习（参与职业发展培训）及给予关怀（培养关系）。旧的教学模式是基于信息稀缺这个前提建立的，在这个模式下，教师和教师手上的书籍好比是传达信息的"神谕"，将知识传播给除此之外几乎没有其他途径可以获得知识的人群。然而，随着技术的发展和互联学习平台的出现，这种教学范式将继续发生变化。

> **专家视点**
>
> 从教师的角度而言，我们要求教师改变他们多年来一直秉持的行事方式。我们要求他们改变旧的教学标准和教学方式，从而达到那些新标准的要求。而且，我们还要求他们更频繁地且以有意义的方式与学生互动交流。这是一个重大的转变。
>
> ——玛丽·艾伦·埃利亚
> 国际教育领导力中心高级合伙人、纽约州前教育专员

也许令人惊讶的是，这种范式转变还要求我们作为领导者，也要改变我们在教育中对待技术的方式。盖洛普公司在研究如何恰当地将新技术应用于课堂时发现：一方面，大多数教师感觉他们无权在教学技巧和方法方面发挥创造力；另一方面，研究也发现，越是鼓励教师尝试和创新，他们就越有可能在课堂上运用技术，这种技术运用直接促使学生的参与度得到提高。我们从中能够汲取什么经验呢？我们作为领导者，推动技术运用并让教师熟悉技术运用，就能赋能给教师，从而让教师采用新的、更能提高学生参与度的学习技巧和方法。

理解这一点非常重要。在重新定义和塑造教师角色的过程中，我们要改变课堂内外完成任务的方式。但是，我们不应该让教师独自承担这一责任。我们在开展这些结构性变革时，学区和学校需要向教师提供高质量的职业发展培训机会，鼓励教师放开手脚去尝试，并且赋能给广大教师，从而协助教育工作者实现其角色的转变。

师资发展培训

展望未来，教师需要更好地支持学生获得社交和情绪学能力，尤其是在充满不确定性的世界中，学生焦虑感有所增加的情况下；教师需要以更好的方式建立关系，并且创造个性化的学习方式；教师需要在课堂内及校园围墙以外，更有效地将技术融入教育。这些都对已经不堪重负的教育工作者提出了很多的要求。为了更好地支持教师向未来过渡，作为领导者，我们必须重新思考教师职业发展培训中应该包括哪些基本内容。

因为财政收入减少，美国的州和市政预算已经因此受到不利影响。由于这些预算不足的问题，许多学区可能在将来不愿意为教师的职业发展培训项目提供资金——至少是不为那些传统的师资培训项目提供资助。因此，我们必须找到更具有创新性的方法，以期为教师职业发展提供日益重要的帮助。在我看来，新型师资培训应该围绕三个重大变化而展开：一是在"情绪型劳动"方面给予教师帮助，为其开展心理健康培训；二是为缩小教师之间在技术能力方面存在的差距而开展培训；三是对成功有效的学习策略加以梳理，将其作为示范成果，并对其加以完善。下面我们逐一分析这三大变化中的各项。

减轻教师的情绪型劳动

自由职业记者、曾经的小学教师艾米丽·卡普兰（Emily Kaplan）曾经让她所教的二年级整个班级的孩子都哭了。她并不是有意如此。她在上一堂关于写作时如何描述具体细节的课时，举了一个例子，以说明她在祖母去世后的感受：她感到悲伤，她哭了，于是就跑去找她的猫，寻求安慰。这个例子在她的学生当中引发了意想不到的反应：孩子们也开始哭泣，因为他们想起了自己失去的亲人。卡普兰没有继续上课，觉得自己有必要先行调整和照顾学生们的情绪。

这就是教师需要付出的情感型劳动——它很少包含在教师职责描述中。正如卡普兰所解释的那样，教书就是"深入了解另一个人的内心，并且利用你所拥有的一切来促成改变。当学生经历艰难时刻时，教师需要安抚他们；当学生换下第一颗乳牙时，教师要和他们一起庆祝；当学生在奋力挣扎和经历情感创伤时，教师要起到减震和缓冲的作用，传递他们的快乐，并且投资自己的情绪账户，努力帮助学生成长"。教师必须为全体学生这样孜孜以求地付出，与此同时，他们还要设法管理自己的情绪。随着教师对学生的心理和情感健康承担更多的责任，作为领导者，我们就需要为教师提供心理健康和疏导培训——为他们提供相应的工具和知识。教师需要把自己照顾好，否则，这份教书育人的工作可能会使教师不堪重负。

弥合技术方面的差距

随着我们迈向未来，我们为教师提供的职业发展培训的内容必须广泛，不能局限于为期一天的关于如何使用技术的课程。这样的课程显然是不够的。不愿意在课堂上采用新技术的教师，有其合理的忧虑，如时间不够、资源缺乏或对自己的能力缺乏信心等。不习惯于利用技术的教师和愿意采用最新的数字工具的教师之间也存在差距，这就是为什么要将技术作为教师个人职业成长计划中不可或缺的部分。教学技术领域的专家表示,理想的情况是,教师应该接受数周甚至数月的关于如何使用在线学习程序的培训。

与此同时,重要的一点是,我们要意识到,技术打开了课堂的大门,让教师可以相互学习,并分享最佳实践。相比以往任何时候,现在我们通过智能手机和计算机访问海量信息都更为容易,而且,与世界各地的人们共享信息也更加方便,这都为交流和协作创造了新的机会。例如,位于得克萨斯州的课堂,可以连接远在日本的课堂;教授水质课程的老师,可以邀请科学家向他的学生进行线上演示。课堂不再局限在某一个物理空间,不再受困于教室的四面墙之内。我们可以通过数据团队、融合课程、团队教学、基于项目的学习和其他模式来促进专业协作。这种团队方法鼓励成员使用共享资源、鼓励成员分担责任,并且鼓励打造专业的、多层次的支持性系统。我们需要优化技术的开放性,并且促进教育工作者、其他专业人士和世界其他地区之间开展更多的更密切的互动。

寻找示范性成果并加以完善

在通过远程方式或面授方式向教师提供这些职业发展学习体验时,教师培训协调人必须模拟传授学校希望教师授课时采取的方法,尤其在涉及技术运用方面。我们日益期盼教师能将技术融入他们的课堂,但是我们依靠的却是同样陈旧的课堂技术和方法来培训教师，例如将旧的课程教学计划粘贴到幻灯片中，然后视其为前瞻性思考。我们可以做得比这个更好。

每年只安排几天的职业发展学习计划，并且教师也没有在其中投入精力，或者后续也没有做有意义的跟进，这样的教师培训可能已经一去不复返了，因为这样的一次性培训没有效果，实际上，这样的培训毫无意义。为教职员工提供培训的关键一点就是要有明确的目的，而且要做更妥善的准备工作。如果教师在培训中就他们在教学中可能使用的技术和工具获得支持性帮助，如果教师培训与教师期待开展的教学方法密切相关，如果允许教师就培训所得（或没有学到的内容）提供反馈，教师的能力就会得到提高，他们就能在自己的课堂上或通过远程学习机会运用所学到的这些技术和方法。这些都是很好的教学实践。那么，我们为什么不使用这样的教学实践来培训那些真正奋斗在教学一线的教师呢？

结束语

虽然要做的努力还有很多，但是我对我们的未来秉持乐观的态度。美国拥有许多非常好的学校和学区。我们已经开启了一个充满抱负且有着崇高目的的项目：教育我们所有的孩子。即使在一场给我们正常生活带来翻天覆地变化的新冠肺炎疫情暴发期间，我们也已经明白，我们的学校仍然是必不可少的。

这并不意味着我们缺乏挑战,实际上,我们的教师和教育管理者正在以越来越快的速度流失,教育行业对技术的运用落后于其他行业和部门,学生中遭受焦虑、抑郁、孤独和其他情感创伤的比例越来越高。但是,我们需要为我们付出的努力欢呼鼓掌,并且期待那些富有创新性的教育工作者和学校为教育的未来铺平道路、做好准备。

是的,推动变革很艰难。但是,如果我们想支持我们的学生,我们就必须认真对待变革。

请牢记这一点:教育变革是演变式的,不是革命性的——即使在这样不寻常的时期。我们很容易陷入当下的困境,因为需要应对最近发生的灾难。但是,我们依然需要着眼于未来。我们需要放眼思考更长远的2025年或2030年,而不仅仅是眼前的境况。我们在制订教学计划和融入新技术时,学校和教育工作者都必须着眼于未来,这就意味着要让我们的学生为即将到来的世界做好准备,培养他们,让他们具备在要求越来越高、自动化的工作场所取得成功所需的技能。如果我们想要保持美国的经济实力地位,我们的劳动力大军需要的是独立自主、富有创造力的实干家和思想家。

我相信,在推动教育发展的有思想的领导者的引领下,我们可以实现目标——我们可以做出必要的改变。当我们的领导者推动教育演变的立场坚定时,我们会看到惊人的进步。我知道,如果回归我们熟悉的生活,我们会感到十分欣慰,但是,现在是我们拥抱新常态的时机，我们需要抓住这个机会，实施广泛的变革，这将有助于将我们的学校体制带入21世纪。孩子们的未来有赖于此。

未来应该汲取的经验和教训

- 我们已经迎来了教育的转折点。受新冠肺炎疫情的影响，我们被迫迅速地转向在线学习，这种学习模式凸显了技术的许多优势和劣势，其中包括教育公平及学生的社交和情绪学习等问题。
- 让所有学生身心健康和获得幸福感应该是我们教育工作者的首要任务。学校和教育工作者需要将重点从关注内容转向关注儿童的整体发展。我们必须能够帮助学生应对新出现的和既有的压力源，并通过更加个性化的学习、社区学校和数据驱动型技术满足学生的需求。
- 未来的课堂将是混合式的。利用新的数字工具，支持经实践证明是行之有效的学习策略，可以更好地实现个性化、定制化的学习过程，并且可以让教师做他们擅长的事情，如加强人际关系建设、鼓励学生个体并让每一个学生个体的社交和情绪学习能力得到发展。
- 教师在未来教育中仍然是必不可少的，但是教师的角色需要演变发展。教育工作者必须提高其管理学习过程、与学生和同事建立人际关系，以及在课堂中利用技术辅助教学的技能。
- 随着教师角色发生变化，我们需要认识到，教师将承担额外的负担，因此，我们应该给予教师更好的支持。我们的教师职业培训计划中应该包括心理健康培训，以帮助教师缓解"情绪型劳动"负担，还应该包括技术培训，以帮助教师在其教学中实际运用技术。此外，我们的教师培训还应该模拟那些希望教师在其课堂上运用的技术和方法。
- 即使面临这些挑战，我相信，我们将携手一道，成功地帮助所有孩子在未来茁壮成长！

反思工具

日　期：_____

小组会议前：

本章中哪些想法引起了您的共鸣？您有任何疑问吗？

_____
_____
_____

回顾本章中"未来应该汲取的经验和教训"部分。您希望作者还谈及其他哪些主题？

_____
_____
_____
_____

小组会议期间：

小组会议期间，小组成员提出了哪些重要的想法？

_____
_____
_____

您从会议讨论中吸取了哪三个方面的关键信息?

1. _____
2. _____
3. _____

小组会议后:

请您对会议中讨论的内容进行反思。它是否改变了您的观点?如果是的话,又是如何改变的?

_____
_____
_____

为了有助于实现教育的发展演变,您下一步拟采取的举措是什么?

_____
_____
_____

补充说明

致　谢

虽然在本书的封面上，我是独著作者，其实完成一本书的写作，需要获得很多人的帮助和鼓励。因此，我要衷心感谢他们。首先，我要特别感谢国际教育领导力中心的所有同人，尤其是琳达·露西（Linda Lucey）博士和凯伦·威尔金斯（Karen Wilkins）博士，很荣幸能与这样一群才华横溢且爱岗敬业的专业人士一起共事。其次，我还要感谢霍顿·米夫林·哈考特出版社的全体工作人员，尤其是凯特·加格农（Kate Gagnon）女士，她在本书出版过程中给予了专业的指导。国际教育领导力中心及霍顿·米夫林·哈考特出版社的诸位同人，始终致力于帮助广大教育工作者，致力于为学生提供符合严格标准、与学生现实生活密切相关且面向未来的教学和教育。然后，我要感谢本森-科利斯特（Benson-Collister）出版集团的杰夫·李森（Jeff Leeson）为本书出版提出的宝贵建议。此外，我还要感谢朱莉·肯德里克（Julie Kendrick）、克里斯汀·乌兹

(Christine Utz)、杰西卡·古多（Jessica Goudeau）和凯伦·普罗普（Karen Propp），他们在书稿构思和创作过程中给予了很多帮助，在本书付梓过程中也提供了许多独到的见解。我们的制作团队业绩冠军苏珊·格拉蒂（Susan Geraghty）和米歇尔·琼斯（Michele Jones）兢兢业业，对书稿的制作和排版等精心打磨，努力确保本书以尽可能完善的模样按时交稿。

另外，我在本书写作过程中对一些教育专家及技术专家进行了访谈，在此，感谢他们的慷慨相授，特别感谢大卫·贝恩、安德鲁·G.霍利汉、布拉德·布里德洛夫、凯蒂·里昂、汤姆·马特森、加里·汉密尔顿、杰米·邦奇克、让·德斯拉文斯（Jean Desravines）、凯伦·卡托、玛丽·艾伦·埃利亚、雷蒙德·J.麦克纳尔蒂、罗达·迈瑞皮瑞－利德（Rhoda Mhiripiri-Reed）、肖娜·麦克唐纳和塞缪尔·休斯顿等专家。恕我无法一一列出所有受访专家的姓名，请允许我在此一并表示感谢，感谢他们为本书写作提供相关内容和研究视角，令我受益匪浅。

最后，我要感谢美国和其他国家的所有教师、学区和学校的所有管理者，他们的奉献常常没有得到社会足够的重视。孩子是我们最宝贵的资源，他们不辞劳苦地耕耘在教育领域，感谢他们用富有挑战性的问题激励我们的孩子、用心关爱我们的孩子。

作者简介

威拉德·R.达吉特，教育学博士，是国际教育领导力中心的创始合伙人。国际教育领导力中心在达吉特博士卓越的领导下，在全球范围内获得高度认可，长期致力于提升学前教育至高中教育阶段所有孩子的教育，致力于让这个年龄段的孩子获得的教育符合更严格的标准，并使其学习与实际生活更密切相关，帮助学生具备实用的技能和知识。三十年来，达吉特博士走南闯北，足迹遍布美国诸多地方，他也曾到访过其他工业化国家，积极推动学校改革，目的就是通过教育让学生为未来做足准备。

达吉特博士热爱公立教育事业，他还呼吁广大教育工作者积极应对新挑战，更加关注孩子们的未来，不能将教育的重心放在将学校维护成我们年轻时学校的模样。达吉特博士拥有卓越的洞察力和领导力，因此，美国几乎所有主要的教育协会、数百个学区、众多政界和商界领袖、出版人和其他相关人士都积极寻求他的建议和指导。

达吉特博士在创立国际教育领导力中心之前，曾经是一名教师和地方管理者，曾担任美国纽约州教育厅教育委员会委员。达吉特博士还是非营利性教育组织成功实践网的创始人和负责人。成功实践网旗下设有美国预防辍学中心和职业技术教育技术援助中心（Career and Technical Education Technical Assistance Center）这两大中心。

另外，达吉特博士还创建了"严谨性/相关性框架"。近年来，该框架已成为指导美国诸多学校开展教育改革的基石。达吉特博士还撰写了大量关于教学和学习的著作、教材、研究报告和期刊文章。达吉特博士被美国知名公立大学天普大学（Temple University）和奥尔巴尼州立大学（Albany State University）评为杰出校友。

而且，达吉特博士格外关注残障人士。他和妻子邦妮（Bonnie）腾出宝贵时间，担任志愿者，积极支持并亲自参与位于纽约州北部地区的"原始丛林计划"（Wildwood Programs）。该计划旨在服务各年龄段特殊群体，比如像他们的女儿奥黛丽（Audrey）那样，患有神经官能损伤症、学习障碍症或自闭症的群体，以期能够帮助那些特殊群体竭力成长为他们最好的模样。

国际教育领导力中心简介

国际教育领导力中心是霍顿·米夫林·哈考特出版集团旗下的一个部门，该中心一直以来致力于提出挑战性问题，激励教育界的领导者和其他教育工作者，并为他们提供相应的指导，教育并引领学生为取得终身成就而做足准备。国际教育领导力中心所秉持的成熟理念和核心思想皆是：整个教育体制必须围绕取得教学卓越性这一目标，深深扎根于严格的标准、切实的教学目的和牢固的关系，确保每位学生为未来取得成功做好准备。

国际教育领导力中心由威拉德·R.达吉特博士于1991年创立，该中心由思想领袖和咨询顾问等团队成员构成，通过提供专业学习培训和建立执教合作伙伴关系的方式，帮助美国的一些学区和学校推动和推广创新型教育实践。国际教育领导力中心开展工作的基石就是达吉特有效教学方法（Daggett System for Effective Instruction）和严谨性/相关性框架（Rigor/Relevance Framework）。此外，国际教育领导力中心还通过多种形式的活动，分享和推广对学生的学习产生积极影响的成功实践，具体包括进行主旨演讲、召开示范性学校会议、创建领导力学院和开展其他大型主题活动，并且推出一系列内容丰富的出版物等。